「させていただく」の使い方

日本語と敬語のゆくえ

椎名美智

角川新書

はじめに

SMAPとV6の解散劇

今、「させていただく」は本当によく使われています。記者会見では、不祥事を起こした政治家が「反省させていただきます」「謝罪させていただきます」と言い、芸能人が「○○さんと入籍させていただきました」「このたび結婚する運びとなりました事をご報告させていただきます」[1]と言っています。「させていただく」なしには記者会見はできないんじゃないかとさえ思ってしまう今日この頃です。

SMAPが二〇一六年に解散を発表した時、「解散させていただくことになりました」というファックスがマスコミ関係者に送られたと話題になりました。[2]もちろんファンへの配慮もあるのでしょうが、当時の週刊誌やワイドショーでは、所属事務所との交渉やメンバー内での合意形成が難しかったことが取り沙汰《ざた》されていました。かしこまった言葉遣いを見て、「色々大変だったのね。解散する時まで、こんなにみんなに気を遣わなくちゃいけないなんて、気の毒だなあ」と、遠巻きに思ったことを覚えています。

そして今度、V6が解散することになりました。彼らのホームページには、「とても大事なことなので、自分たちの言葉で皆さんに伝えます。僕たちV6は、2021年11月1日をもちまして、解散します」とあります。[3]

「僕たち、解散します」よくぞ言ってくれました。この言葉の向こうには、潔い態度が透けて見えます。「よく決心したね。これからもがんばってね」と応援したくなりました。

解散というのは、かなりの決意と覚悟が必要な行動です。自分たちの今後の生き方を大きく左右する重大な出来事です。現実社会では、関係者の方々にたくさん頭を下げて回ったことでしょう。「それでも、僕たちは自分たちの意志で解散するって決めたんだ」という未来へと向かう心意気が感じられ、爽《さわ》やかな一陣の風が吹いた心地がしました。

二つのジャニーズグループの解散劇を比べて、「させていただく」がコミュニケーションに様々なニュアンスを加えていることがわかっていただけたのではないかと思います。

「させていただく」の謎

「させていただく」が爆発的に使用されているという事実に異を唱える人はいないでしょう。「させていただく」なしに日常生活を送るのは難しいのではないかと思えるくらい、それどころかほとんど氾濫《はんらん》していると言えるほどです。この本は、そのような「させていただく」の使用実態を言語学的に、語用論的に解明しようとした本です。

なぜこんなに氾濫しているのでしょうか？　ここ数年、アンケート調査や過去や現在のデータを分析して「させていただく」を研究していますが、まだまだ謎だらけです。調べても調べても、わからないことが次から次へと出てきます。「させていただく」は、今まさにブレイクの真っ最中で変化しているところなので、謎を一つ解明しても、答えがわかった頃には状況はもっと先に進んでいて、なかなか実態が摑《つか》めないのです。

「させていただく」のそうした流動的な変化の様子が興味をそそるのか、多くの言語学者が「させていただく」について論じています。私もその一人です。

「させていただく」を話題にすると、「使いすぎだよね」「違和感あるよね」などと、どちらかというと否定的なコメントをする人が多いような気がします。ところが、「使いやすくて便利だよね」「丁寧でいいよね」といった肯定的な評価はあまり聞いたことがありません。なぜなのでしょう？　こんなに使われているのに、とても不思議です。

言語学には様々なアプローチがあります。私が専門としているのは、文法規則の研究ではなく、コミュニケーション論・語用論・文体論で、実際のコミュニケーションで使われた言葉のダイナミックな流れを分析しています。ですから、どんな言葉の使い方に対してもできるだけ中立的な態度で言語現象に接することを心がけています。

それなのに、先日Ｚｏｏｍで友達と話していたら「あっ、また使ってしまった」とか、「今の使い方、間違ってるよね」などと、「させていただく」を使うたびに、友人は自分でツッコミを入れるんです。「私、使うなって一言も言ってないんだけど……」と言っても、「わかってる。でも、気になる」とのこと。みんなが前から薄々気になっていたことを、たまたま私が取り上げたために、ますます気になってきたのかもしれません。

「させていただく」を論じていると、すぐに「『させていただく』警察だ」と思われてしまうのですが、それは大きな誤解です。せっかくですから、これを機会に「語用論」という研究領域を知ってもらって、そうではないことを証明したいと思っています。

敬語のインフレ現象

「させていただく」は一八七一年の三遊亭圓朝《さんゆうていえんちょう》の落語『菊模様皿山奇談《きくもようさらやまきだん》』に用例があるの

で、[4]約一五〇年前に使われ始めたようですが、使用増加はそれから一二〇年後の一九九〇年代です。現在、使用が爆発的に増加していることは、私たちみんなが日常生活で感じていることです。人が使っているのもよく聞くし、自分でも無意識に使っています。

私が興味を持っているのは、多くの人が「正しい」と考えるかどうかではなく、人々が「普通の敬語だと敬意が足りない気がする、さて、どうしよう？」とあえぎながら、これでもかこれでもかと「させていただく」を連発している敬語のインフレ現象です。私には、「させていただく」は、本来の敬語が負いきれない敬意を、「あげる」「もらう」を意味する動詞が代わりに負っているような状況で、[5]由緒正しい敬語の枠外にある別のタイプの敬語のように思えるのです。

「させていただく」という言い方は、これだけ広く使われているのですから、その言い方を分解して詳細に分析することは、言語学の一つの重要な課題だと思います。しかし、この本の特徴は、それだけで終わっていないことです。さらにもう一歩進めて、この表現が人々に使われるようになった背景にある要因を探っているのがポイントです。

この背景的要因が、じつはたくさんあるわけです。社会の変化、人々の意識や距離感の変化、そして日本語の敬語の変化、そういった様々な流れの集まった結節点に、「させていただく」現象が立ち現れていると考えました。つまり「させていただく」を「問題系」として取り上げたのです。問題系とは、一つの問題ではなく、様々な問題が絡まっているという意味です。これについては、第二章でまた説明します。

この本を読むと何がわかるか

この本では、まず「人々がなぜこの形を便利だと感じたのか？」を解き明かします。そして、「日本語の敬語の流れの中で、どのような流れがあったから、この形が好まれるようになったのか？」も明らかになります。

具体的には「歴史語用論」と呼ばれる立場から「させていただく」に対する人々の違和感を調査し、大量のテキストを分析して考察していきます。歴史語用論は「昔の人はどんな風に話をしていたのだろう？」ということを調べる言語学の一領域です。時間の流れの中でどのように言語が変わってきたのかといった言語の歴史を調べる歴史言語学と、コミュニケーションではどのように言語が使われているのかを調べる語用論の両方の視点から、人々のコミュニケーションの歴史的変化を研究しています。「させていただく」の現状、そして現在に至るまでの歴史的経緯を調べながら、現在の使用拡大の謎に迫ります。全体の流れを追っていけば、結果として「させていただく」の使い方を自分で判断する言語感覚を身につけることができるようになるでしょう。

第一章では、実例を見ながらこの新しい敬語表現がどのような機能を果たしているのかを考えます。第二章では、「させていただく」を含め、もののやりとりを表現する授受動詞体系を概観します。第三章では約七〇〇人の方に参加してもらったアンケート調査の結果を、第四章では新旧二つのグループのテキストでどのくらいの頻度で使われているのかを詳しく見ていきます。第五章では、それらの調査結果を総括します。「させていただく」という問題系に答えながら、社会学者ゴフマンの概念を使って、少し大きな視点から日本語の敬語の変化を論じて結論とします。

「させていただく」を調べていくうちに、強く感じたことがあります。それは、今起きているブームはこの一つの言葉だけの問題ではないということです。「させていただく」ブームは、日本語の敬語が敬意漸減《ぜんげん》のために次々と交代して辿《たど》り着いた現在の到着点であり、連綿と続いてきた敬語の歴史的変化の結果といえます。「させていただく」はたしかに他者と距離を保ちたいと思う現在を生きる私たちの対人関係やコミュニケーションへの考え方を反映しています。とはいえ、敬語はこれからも敬意漸減のために変化を続けるのですから、この「させていただく」も単なる言語変化の通過点にすぎません。ここに至るまでの考察の道行に、しばしお付き合いいただければ幸いです。

はじめに　注

1　星野《ほしの》源《げん》さんと新垣《あらがき》結衣《ゆい》さんの結婚発表の文言については以下を参照してください。https://www3.nhk.or.jp/news/html/20210519/k10013039741000.html（二〇二一年一一月五日閲覧）

2　SMAPの解散については https://www.nikkansports.com/entertainment/news/1694476.html（二〇二一年一一月五日閲覧）や、武田砂鉄（二〇一八）「『させていただく』への違和感」『日本の気配』二六〇－二六六頁、晶文社を参照してください。

3　V6の解散については以下を参照してください。https://www.johnnys-net.jp/page?id=text&dataId=2049&artist=9（二〇二一年一一月五日閲覧）

4　松本修（二〇〇八）「東京における『させていただく』」『國文學』九二、三五五－三六七頁、関西大学国文学会。

5　蒲谷宏（二〇一五）『敬語だけじゃない敬語表現―心づかいと思いやりを伝える「丁寧さ」―』大修館書店。

目次

第一章　新しい敬語表現——街中の言語学的観察

用例を採集する

この章では、「させていただく」に対する私たちの言語感覚に焦点を当てます。実例を紹介しながら、どのように使われると、どのような違和感が生じるのかを見ていきます。

ここではまず、私が街中で採集した用例をいくつか取り上げます。『サザエさん』の例も紹介します。日常生活で、私たちはたくさんの「させていただく」に遭遇します。違和感があったりなかったり、感じが良かったり悪かったり、印象は様々です。解説は、あくまでも私個人の受け取り方なので、他にも様々な解釈が可能だと思います。同じ言葉なのに、聞く人によって、場合によって、様々に解釈されると考えるのが語用論なので、みなさんも考えてみてください。

「飲食は禁止させていただいております」

散歩がてら都内の美術館に行った時のことです。チケットを見せて中に入ろうとすると、受付の人に「館内での飲食は禁止させていただいております」と言われました。慌てて持っていたペットボトルをバッグにしまいました。しかし、それでもまだ強い視線を感じます。そしてまた「中での飲食は禁止させていただいております」と言われてしまいました。

自分に向けられた言葉だということは視線で感じるのですが、何を言われているのか、意味がわかりません。「なんなのだろう？」と係の人の方を振り向くと、「口の中に何か入ってますよね」と言われました。「あ、ガムが」と言うと、係の人は「そうだ」と言わんばかりにうなずきました。そういえば美術館に向かう道すがら、私はガムを噛《か》んでいました。捨てるタイミングがなくそのまま口の中に入っていましたが、飲食をしている感覚はまったくありませんでした。

仕方なくガムを飲み込んで、会場に入らせてもらいましたが、絵を鑑賞しながらも、しばらく苦い思いがしました。こういうのを忸怩《じくじ》たる思いというのでしょうか。

もちろん、美術館に入る時のマナーが欠けていたのは私です。常識が足りなかったし、不注意だったと反省しています。係員の方は任務を正しく、しかも丁寧に遂行しただけだということも、ちゃんとわかっています。頭では重々わかっているのですが、感情はそれとは別の次元でモワモワと沸き起こるものです。

ソフトクリームの立ち食いじゃあるまいし、たかがガムなのに「館内での飲食は禁止させていただいております」は大袈裟《おおげさ》なんじゃないかとか、丁寧すぎて慇懃《いんぎん》無礼なんじゃないかなどと、大人気なく少し気分がモヤモヤしてしまいました。あんなにもったいぶった言い方ではなく、「あのー、ガムは出してください」と、自分の言葉でダイレクトに言われていたら、すぐにわかったし、もっと素直に受け取れたのに、と思いました。

　話し手の側の意図や丁寧な気持ちが、聞き手側にそのまま伝わるわけではないことを身をもって知る機会となりました。まさに語用論的な体験でした。

　そういえば、敬語の講演会で受付の人に「受講票を確認させていただきます」と言われて、激怒している年配の男性を見たことがあります。その方は講演後の質疑応答の時間に真っ先に手をあげて、「私には許可を与える権威があるわけでもないのに、そんな言い方をするのは失礼ではないか」と言っていました。講演者は「受付の人は『受講票を見せてください』を、丁寧に言おうとしたのだと思います」と答えていました。しかし、その方は納得がいかなかったらしく、講演者が答え終わるか終わらないかのうちに、椅子を蹴《け》って会場を出て行ってしまいました。

　周りの人は唖然《あぜん》として彼の背中を見送っていました。その時の私は、なぜあそこまで腹が立つのか、とても不思議でした。でも、同様の体験をした今は、彼の腹立たしさがわかります。なんだか腹が立つのです。理屈ではなく、感情のところで反応しているのです。慇懃無礼というのは、気がついてしまうと、とても腹の立つものなのです。

受付の人が「受講票を見せてください」と依頼形で言っていたら、彼もあそこまで腹を立てなかったかもしれません。「いただく」と言って相手と関わろうともせず、業務を遂行していくだけというニュアンスが不愉快だったのではないかと思います。

それでは、しばし私の『「させていただく」アルバム』にお付き合いください。

「終了させて頂きます」

少し前に、駅でこんなポスターを見つけました。

二三ページ上の写真は池袋《いけぶくろ》の私鉄の駅にあったポスターです。「発売を終了させて頂きます。お並び頂きましても、ご購入頂けない場合がございますので、あらかじめご了承ください」とあります。「させていただく」を含め、「いただく」が何度も使われています。とても丁寧だとは思いますが、丁寧すぎて、切符が買えなかったお客さんからクレームを言われないように、防衛手段として書いているのではないかと勘繰ってしまいました。

同じく中段の写真には「この場所は、ＪＲ敷地内にて、物品販売、（中略）演説等、禁止させていただきます。北小金《きたこがね》駅長」と書いてあります。こちらは「やってはダメ」という禁止命令なのですが、やはり「させていただきます」が使われています。駅長さんは駅の最高責任者なのだから、他の乗客の迷惑になりかねない行為をストップさせたいのなら、キッパリと「禁止します」と書いてもよさそうな気がします。その方がストレートに意図が伝わるのではないかと思いますが、どうでしょうか？

一般に、駅のポスターはとても丁寧なのですが、いつもそうだとは限りません。

「させていただく」は使わない

下の写真は、緊急事態宣言発出後に、新宿《しんじゅく》の私鉄駅で見つけたポスターです。[1]「緊急事態宣言発令に伴う国土交通省、（中略）からの要請により（中略）深夜帯の列車運行を減らします」とあります。「させていただく」なしに「減らします」とキッパリ言い切っています。このポスターだけを見ると、普通だと思うかもしれませんが、先ほど見た「終了させていただきます」や「禁止させていただきます」と比べると、かなり口調が異なり、受ける印象も異なります。鉄道会社が自分たちの行為を宣言する際、自身の責任や判断の下になす行為だと「させていただく」を使うけれども、国などから要請を受けた行為だと「させていただく」を使わないという明確な使い分けがなされていることがわかります。

駅側としては、自分の職権内の問題で全責任を自分が負うのか、それとも背後に大きな権威があって自分はその指示に従っているだけなのかを意識して、乗客に対して使うべきへりくだりや丁寧度を変えたいと考えたのでしょう。それが「させていただく」の使用・不使用として、ここに表面化しているのだと思います。

理由は何であれ、駅で見るいつもの言葉遣いと著しく異っていることは見逃せません。

「脱帽およびノーネクタイにて乗務させて頂きます」

二五ページの上の写真は地元のバスに吊《つ》るしてあったポスターです。夏の暑い期間「乗

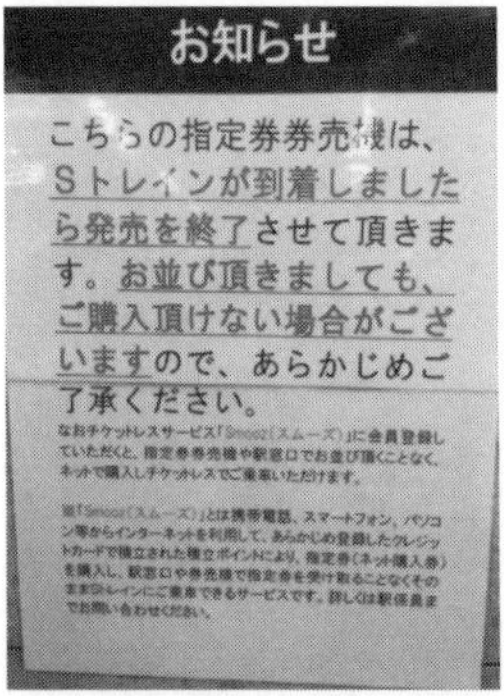

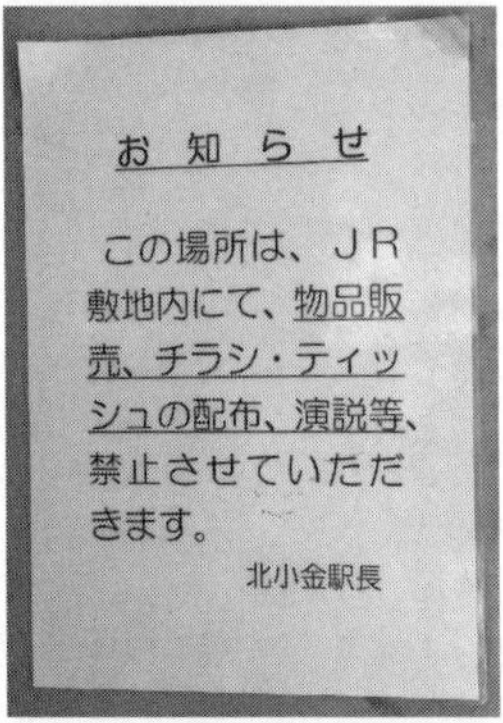

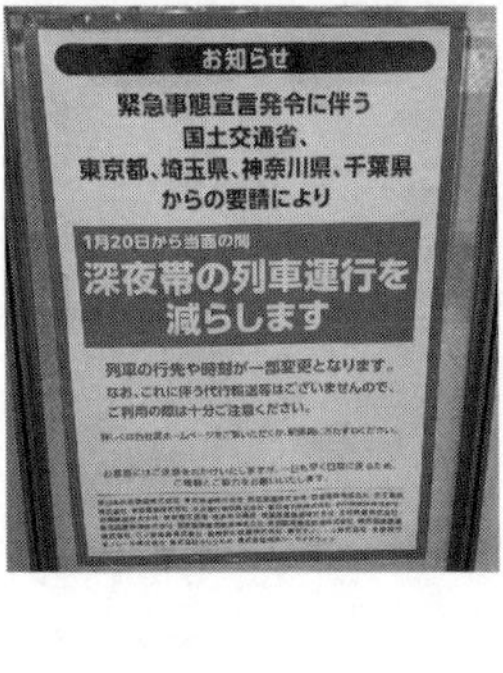

務員はクールビズの一環として、脱帽およびノーネクタイにて乗務させて頂きます」とあります。制服のある学校の「異装願い」に似ています。バス会社は、「服装が乱れている」といった乗客からのクレームを未然に防ぐために、乗務員の異装について前もって了解をとっておきたいのでしょう。乗客の許可を得たいという会社の考えは「させていただく」と「ご了承の程」で伝わるので、この「させていただく」の使い方にはそれほど違和感はありません。ただ、「ノーネクタイで乗務します」で十分ではないかと思ったりします。

「ポイントを進呈させて頂きます」

中段のポスターはマイバッグ持参のお願いです。「ご協力頂いた（中略）お客さまには（中略）2ポイントを進呈させて頂きます」とあります。もう一つは「メンバーズカードをお持ちの方は商品10％割引させて頂きます！」という美容院での用例です。

ポイントをもらったり割引してもらったりして恩恵を得るのは顧客側ですが、ここでは店舗側が「させて頂きます」と言っています。買い物をしていると、色々なお店でこの手の「させていただきます」を目にします。少し前は、なぜ恩恵を与える側がもらう側に

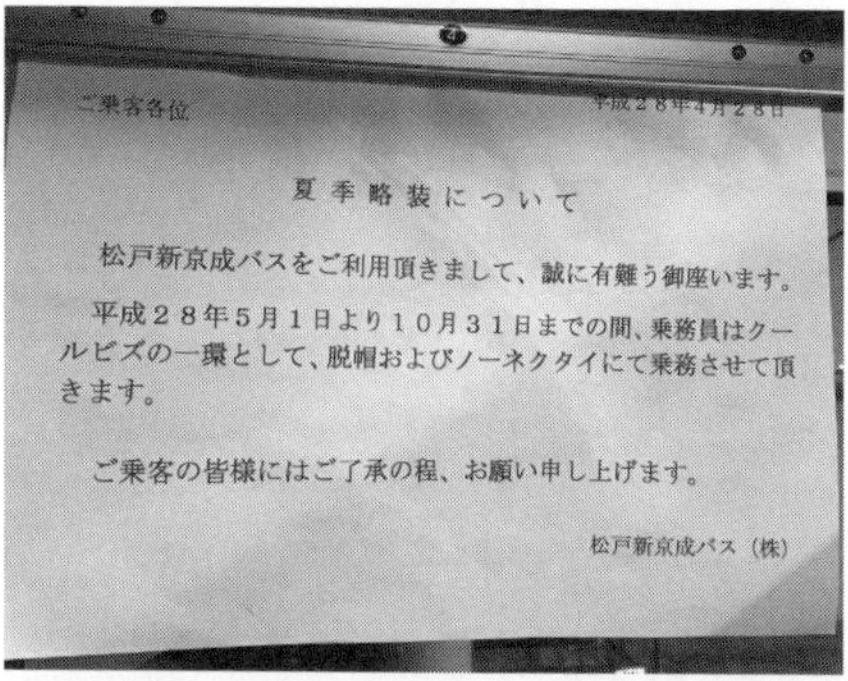
ご乗客各位
平成２８年４月２８日
夏季略装について
松戸新京成バスをご利用頂きまして、誠に有難う御座います。
平成２８年５月１日より１０月３１日までの間、乗務員はクールビズの一環として、脱帽およびノーネクタイにて乗務させて頂きます。
ご乗客の皆様にはご了承の程、お願い申し上げます。
松戸新京成バス（株）

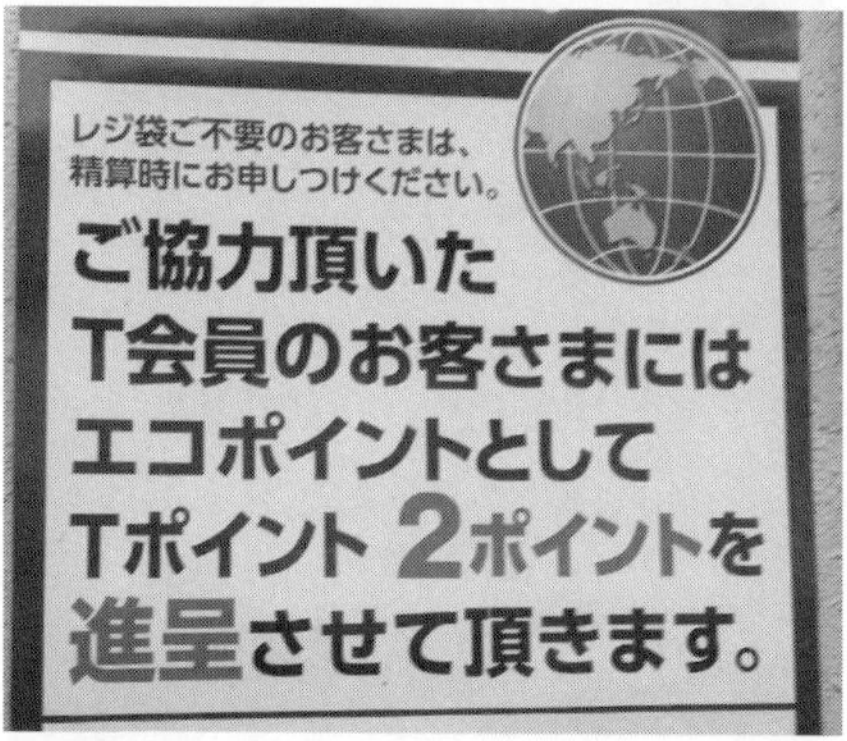
レジ袋ご不要のお客さまは、
精算時にお申しつけください。
ご協力頂いた
T会員のお客さまには
エコポイントとして
Tポイント 2ポイントを
進呈させて頂きます。

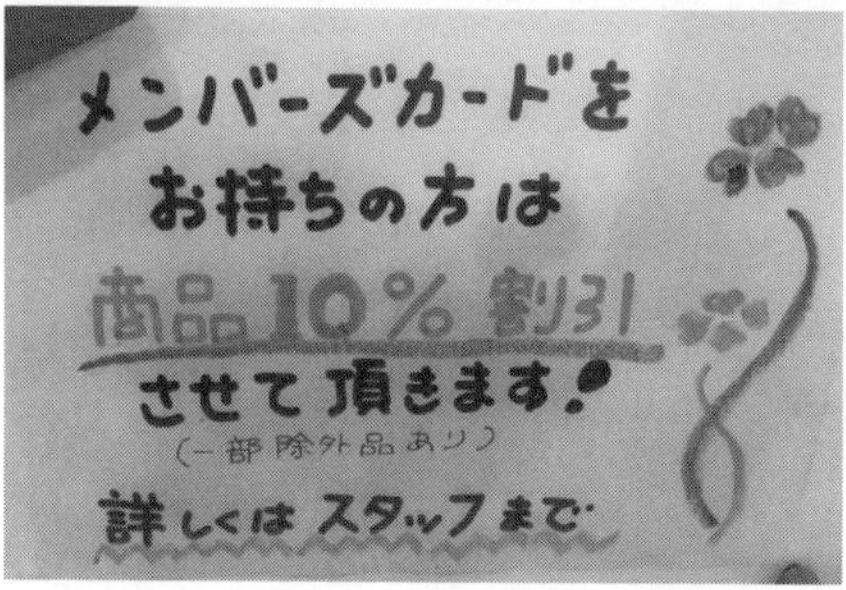
メンバーズカードを
お持ちの方は
商品10%割引
させて頂きます！
（一部除外品あり）
詳しくはスタッフまで

「もらう」と言っているのだろうと不思議でしたが、あまりにもよく見かけるので、今ではこれが普通だと思うようになりました。話し手に恩恵がないのになぜこんな言い方ができるのかについては、第三章で詳しく扱います。

少し前なら、「進呈いたします」「割引してさしあげます」と言っていたところかもしれません。今だと「いたします」はちょっとかしこまりすぎるし、「さしあげる」はちょっと恩着せがましい感じがします。そういう意味で、これは「いたします」「てさしあげる」から「させていただく」へのシフトを示している例だと考えられます。

「免除させていただきます」

次ページの上は日本語用論学会のツイッターです。会費と参加費を「免除させていただきます」とあります。「参加費無料」の寛大な申し出です。注目したいのは、恩恵を受けるのは聞き手側なのに、参加費を無料にする主催者側が「させていただく」を使っていることです。学会というお堅い組織なので、普通だと「免除いたします」でもよさそうですが、この場合は被災して大変な目に遭っている方々へのオファーなので、配慮を込めて偉そうな物言いにならないように「させていただく」を使っているのだと思います。コミュニケーションに注目する日本語用論学会ならではの気配りだと思います。

「おかげさまで320年を迎えさせていただきました」

下の写真は少し前に京都駅にあった「本家西尾八ッ橋」のポスターです。「おかげさまで320年を迎えさせていただきました」とあるので、「みなさんのおかげで長年商売が続けられてきました。ありがとうございます」という気持ちが伝わってきます。関西《かんさい》だけに、売る人・買う人・世間の「三方よし」の考え方が根底にあるのかもしれません。

「させてもらう・いただく」は、近畿《きんき》地方から全国に広がったと言われています。関西で

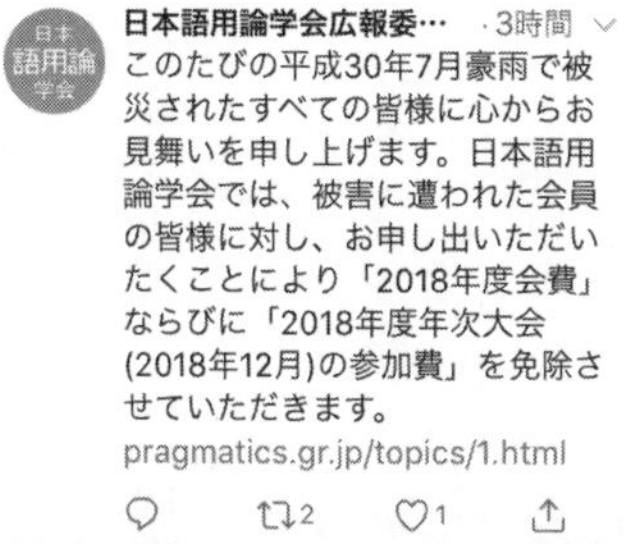

は、「ほな、これで帰らしてもらいますわ」などと、普通に「てもらう・させてもらう」が使われており、特に恩恵や丁寧さを表現しているわけではないと聞いたことがあります。しかし、九州《きゅうしゅう》出身で関東《かんとう》在住の私には、関西の言語感覚は正直なところよくわかりません。

出張で大阪に行った時のことです。駅のそばにあるホテルがどうしても見つからず、仕方なく、すぐ横を歩いていた会社員風の男性に道を尋ねました。すると、わざわざ先の曲がり角まで一緒に行ってくれて「ここを右に曲がってもらって」と言い、前方を指差しながら「まっすぐ行ってもらったら、右手にあります」と教えてくれました。「曲がってもらう」「行ってもらう」という言い方は、関西ではごく普通に使われています。関西の方にとっては特に丁寧なわけではないかもしれません。しかし、私はいまだかつて東京でわざわざ曲がり角まで一緒に行って道を教えてくれる人に出会ったことがないし、「行ってもらう」と言われたこともありません。そのためか、その方の振る舞いはとても丁寧だと思ったたし、「まっすぐ行ってもらう」という言葉には丁寧な気持ちがこもっていると感じました。大阪と東京ではこんなにも人と人との距離感が違うのかと思いました。

「受賞させていただきました」

声優・俳優として活躍中の宮野《みやの》真守《まもる》さんのブログに「先日、（中略）最優秀声優賞を、受賞させていただきました。本当に、本当に、光栄です。みなさまの、あたたかい応援のおかげです」とありました。[2]

声優にとって、最優秀声優賞を受賞することは最高の栄誉です。この上なく誇らしく嬉《うれ》しいことです。みんなに知ってもらいたいし、「すごいね！」と褒められたいし、ファンにも喜んでもらいたいと思うのは当然のことです。「言いたい！　でも、謙虚に言わないと『いい気になるんじゃやない！』とバッシングされるのではないか、偉そうに聞こえないように、自慢気に聞こえないように……」などと心配しながら、不特定多数の人への配慮を込めようとしてたどり着いたのが、この「させていただく」ではないかと思います。

芸能人に限らず、自分の誇らしい出来事やチャリティなどの善行を嫌味なく人に伝えるのは難しいことです。事の重大さにもよりますが、ヘマをしたことを伝える方がずっと気が楽です。失敗談は笑われることはあっても、偉そうに聞こえようがないからでしょう。

個人的には、どちらもカッコつけずそのまま話してしまえばいいと思うのですが、そうはいかないようです。ＳＮＳだと匿名でコメントが送れるので、辛辣《しんらつ》なことを書く人がいるからでしょうか。「いつも応援してます」とファンの振りをしながら辛辣な嫌味を言うハラスメントもあるようです。芸能人の方のＳＮＳでの発言は、そういう被害に遭わないように、バッシング予防策として「させていただく」が使われているのかもしれません。

本音が言えない大学生

誇らしいことが人に言えないのは、大学生も同じです。私のゼミ生も四年生になると、就活と卒論の間で結構悩むようです。ゼミ生には「内定をもらったらすぐに私に知らせて」とお願いしています。就職先が知りたいからではなく、早く本格的な卒論指導を始めたいからです。いち早く内定を報告に来た学生に「おめでとう、よかったね。みんなに知らせてお祝いしよう」と言うと、「まだ決まってない人がいるから、言わないでほしい」という返事がよく返ってきます。自分だけ決まってみんなに悪いと思うのか、自慢していると思われるのが嫌だから、といったところでしょうか。もちろんその気持ちは尊重しますが、二年間も一緒に過ごす仲間なのだから、良いことはオープンにしてみんなに喜んでもらえばいいのにと思います。そんな考え方は単純すぎるでしょうか？

なかなか内定をもらえない学生はどうしているかというと、ひたすらじっと耐えています。教室に行くと、その学生の頭上に黒い雲がモワモワと浮かんで見えるので、黙っていてもすぐにわかります。「落ちちゃった」と嘆いて、みんなに慰めてもらえばいいのに、それもまた難しいようです。でも、実際に「また落ちた、どうしよう」と言った学生は、みんなが一緒に気晴らしに行ってくれたり、受かった人が面接のコツを特訓してくれたりして、「言ってよかった」と言っています。

最近の大学生はとても人当たりがよくて優しいのですが、お互いに遠慮しあって、私の感覚だと、本当には繫《つな》がっていないような気がします。友達とちゃんとコミュニケーションができているのか、ちょっと心配になります。鉛筆一本借りるのにも、「まさか鉛筆もう一本持ってたりなんかしないよね？」と、仮定・否定・疑問を使ったとても気を遣った言い方をしています。テキストを忘れても、隣の人に「見せて」と言えず、一コマじっと黙って座っている学生がいるくらいです。周りの学生は「見せてあげたい」と思っているし、頼まれたら喜んで見せようと思っていても、自分からオファーしたりはしません。遠慮しあっているのか、断られたら嫌だな、と思うのでしょうか。

愛されるタメ語キャラと毒舌キャラ

敬語を使うと相手と自分の間に距離感ができます。敬語を使った丁寧なコミュニケーションは結構なことですが、距離感が大きくなりすぎると、私にはちょっと物足りません。ローラさんとかフワちゃんとか、芸能界には定期的に誰と話す時にもタメ語で話すキャラのタレントさんが出てきて、人気者になっています。たとえ周到に作られたキャラだとしても、人気があるのは、そういう話し方をみんなが面白い、かわいい、あるいは羨《うらや》ましいと思っているからでしょう。自分にはできなくても、そういう近い距離感で話している人を見て、好ましく思うところがあるのだと思います。

タメ語キャラと並んで人気があるのが、毒舌キャラです。有吉弘行《ありよしひろいき》さん、マツコデラックスさんは、いまや良識あるご意見番として不動の人気を博していますが、人気のきっかけは毒舌でした。二人とも、対談の時にはタメ語は使わず敬語を使っているという意味で、距離感を保って話をします。しかし、実際に話が始まると、相手をおちょくったり、否定的なコメントや鋭いツッコミをして、言葉ではなく話の中身で距離感を縮めています。

毒舌とは、悪口を言うのではなく、言いにくいことや本音を歯に衣着《きぬき》せぬ言い方で相手に伝えることだと思います。相手を傷つけてしまう内容を含むので、普通はよほど親しくないと言わないですませてしまう事柄を、あえて取り上げるわけです。

これを横と縦の距離感操作の観点から考えてみましょう。タメ語キャラも毒舌キャラも、本来尊重するべき相手の領域を侵害して、相手との距離感を縮めています。タメ語キャラの場合は、相手が目上の人でも同等の関係に自分を位置づけて、友達のように近い距離感で仲良く話します。一方、毒舌キャラの場合は、同じく尊重すべき距離を侵害して近づき、相手を貶《おとし》めることを言います。つまり、タメ語キャラと毒舌キャラは、保持すべき相手との距離を侵して相手に近づくという意味では、同じ距離感操作をしています。

異なるのは、タメ語キャラの場合は自分を笑いの対象にすることによって、どちらかというと自分を相手より下位に位置づけるのに対し、毒舌キャラは相手の弱点を晒《さら》すことによって自分を相手より上位に位置づけています。このように、タメ語キャラと毒舌キャラは、異なる上下関係に身を置いています。

タメ語キャラは、おそらく視聴者よりも下位に位置づけられており、番組はその上下関係を保持したまま終わります。タメ語キャラにはそうした下位の位置づけを回復するチャンスはなく、それが一種の芸風になっているわけです。視聴者は番組が終わっても自分が優位な立場にいるので気分を害することはなく、問題は起こりません。

ところが、毒舌キャラの場合は、そういうわけにはいきません。ゲストを下位に位置づける一時的な距離感操作の後には、必ず関係修復をする必要があります。対話者であるゲストを下位に置いたままだと、ゲストの立場で対話を聞いていた視聴者が不愉快な気持ちのまま番組が終わってしまうからです。そこで、毒舌キャラは自分の弱いところを見せたり、失敗したり笑われたりして、ゲストと同等か下位になるような距離感操作で関係修復をして、番組を終わることになるわけです。

毒舌キャラと呼ばれる人がお笑い芸人だったり、番組がバラエティだったりするのは、そうした相手を上げ下げする距離感操作がしやすいからではないでしょうか。毒舌キャラは自分で関係修復が上手《うま》くできなくても、周りの出演者が毒舌キャラにツッコミを入れて笑いの対象にして、位置を下げて関係修復をしてくれるわけです。

卒業論文で、有吉さんとマツコデラックスさんが出演するトーク番組を分析したゼミ生がいます。その分析と結論によると、たしかに鋭いツッコミや本音トークはあるのですが、そうしたツッコミの後には必ず、この二人は優しい言葉をかけたり笑いによって関係修復を図り、自分が潰《つぶ》した相手の面子《メンツ》を修復し、距離感を回復してトークを終えていることがわかりました。そうした「雨降って地固まる」効果によって、出演者との関係性や距離感は、トーク前よりも親密になっているのではないかと思われます。視聴者も、それを見てほっと安心するわけです。その結果、彼らは綺麗事《きれいごと》だけでなく、恐れずに本当のことを言う人だということで、視聴者からの信頼感と好感度が高まっているのではないでしょうか。

もう一つ忘れてはいけないのは、有吉さんとマツコデラックスさんは二人ともゲストと話す時にはタメ語ではなく敬語を使っていることです。時折毒舌で上下関係を変えて話を盛り上げながらも、話が終わったら笑いで上下関係を解消して元の位置に戻るという距離感操作をしています。敬語でトークするという基本姿勢によって一定の距離感が常に担保されていることは、重要なポイントです。

このように、人々は距離感を侵害するようなトークも歓迎しています。ただし、この場合、距離感が侵害されて面子を潰されるのは、視聴者ではなく番組に出演する芸能人なので、私たち視聴者は単に擬似体験をしているにすぎません。

「マスクを寄付させていただきました」

少し前に「マスクを寄付させていただきました」といった記事がＳＮＳにたくさん投稿されました。これも自分が上位に立たないように「させていただく」が使われている例です。そもそも人にものをあげることは、そのこと自体が与える側と受け取る側の間に上下関係を作る行為です。人の上に位置づけられるのは、覚悟がないと居心地の悪いものだし、もらう方も、勝手に下位に位置づけられるのはご免です。「寄付させていただいた」という言い方は、そのあたりを気遣った言い方です。寄付した人は、自分の上位性を相殺するために「させていただく」というへりくだりの言葉を使っているのだと思います。

「てさしあげる」の分析でわかったのですが、相手が二人称の「あなた」ではなく、ここにいない誰か（三人称）だと、言いやすくなります。また、時制も現在形ではなく過去形で報告する形にすると、かなり言いやすくなります。言葉が「今・ここ・私」から離れれば離れるほど、時間的にも空間的にも距離感がでて、直接的でなくなるからです。

自分の誇らしい話ができない、人にものをあげることが言いづらい、私たちはどれだけ上下関係に敏感で上位に位置づけられるのが苦手なのでしょうか？　じつは、まさにそこが「させていただく」が本領を発揮する場であり、使われる理由の一つなのです。話し手が上に立つ上下関係ができそうな気まずい場面で、うまく私たちを下に下ろして救出してくれるマジックワードかもしれません。

「させていただく」の使い方も受け止め方も、時代と共に変わってきているということでしょう。言葉の使い方はスピーディーに変わっていくし、私たちの方も、新奇な使い方でも何度か聞いているうちに慣れてきてしまうようです。

「ハッキリ言わせていただきます！」

左の写真は本の新聞広告です。[3] 強い意志を示す一方的な行為の宣言としての「させていただく」の使い方です。キッパリしていて、ちょっと怒っていて、取りつく島もありません。著者二人の表情やボディーランゲージからも、同じメッセージが伝わってきます。

「させていただきます」という言い切り形は、じつは現在最も多く使われている活用形で、ほとんど定型化しています。「させていただく」と相手の許可を得るかのような言い方ですが、話し手は最初から「言うぞ！」と思っており、聞き手が介入する余地などない一

方的な行為の宣言です。語気が強くなるように効果的に演出されています。

「実家に帰らせていただきます」

キッパリと強い意志を示すフレーズで、昔から使われている慣用句があります。「実家に帰らせていただきます」という言い方です。夫婦喧嘩《げんか》の時に妻が夫に言う決め台詞《ぜりふ》です。『サザエさん』の例を二つ見てみましょう。右は一九六八年（昭和四三年）、左は一九五七年（昭和三二年）の作品です。[4] 右の漫画では「さとにかえしていただきます」とあります（今だと「かえして」ではなく「帰らせて」と言うところでしょうか）。

昔から、「里に帰らせていただきます」と妻から言われたら、右の漫画のように、夫はオタオタしてひたすら謝るのがお約束です。

左の漫画では役割が逆転しています。夫が「さとにかえらしてもらいまス」と言い、妻がそれを豪快に笑い飛ばしているので、二重のおかしみが湧いてきます。

今の時代に「実家に帰らせていただきます」と言う女性がはたして存在するのか、はなはだ疑問です。そんなことは言わずさっさと家を出て、実家ではなく、夫への腹いせに、ゴージャスなホテルにお泊まりに行くのではないでしょうか。盛り上がりそうな話題です

©長谷川町子美術館

が、余計なことを言う前にこの辺でやめておきます。

「警察へ通報させていただきました」

四一ページ上はゴミ収集箱に貼ってあった張り紙の写真です。丁寧でありながら、すごみのある言い方です。不法なゴミ投棄をした人がいたので、管理人さんが「警察へ通報した」と報告しています。「警察に通報する」という強硬手段の持つ力強さが、「させていただく」の持つ丁寧さによって弱まるどころか、かえって強化されて、抜群の効果をあげています。管理人さんの強い怒りと腹立たしさが伝わる、気迫のこもった慇懃無礼の最高傑作ともいえる「作品」に仕上がっています。

「警備員が入室させていただいております」

トイレの張り紙には面白いものがたくさんありますが、中段はその一つです。「点検巡回のため社員・警備員が入室させていただいております」とありますが、これはいったい誰に向けられたメッセージなのでしょうか？

ここはショッピングモールの女子トイレなので、表向きには、ここを利用する女性客に向けたものです。女子トイレに行って、いきなり男性警備員を見たらビックリするので、了解をとりたいわけです。しかし、この手のポスターには必ずもう一つ別の（本当の）ターゲットがあるものです。それは犯罪予備軍への警告です。本当は「覗《のぞ》くな！」と言いたいところでしょうが、あまりに露骨で品がないし、女性客に予断を与えてしまいます。女性客・犯罪予備軍へのダブルメッセージを込めているので、このように婉曲《えんきょく》的に丁寧に言っているのだと思います。

「パンは終了させていただきました」

下はパン屋さんの張り紙です。[6]「パンは終了させていただきました。ひつじや　店主」とあります。パンは終了するものではないので、「パンは売り切れ」のとても丁寧な言い方だと思います。

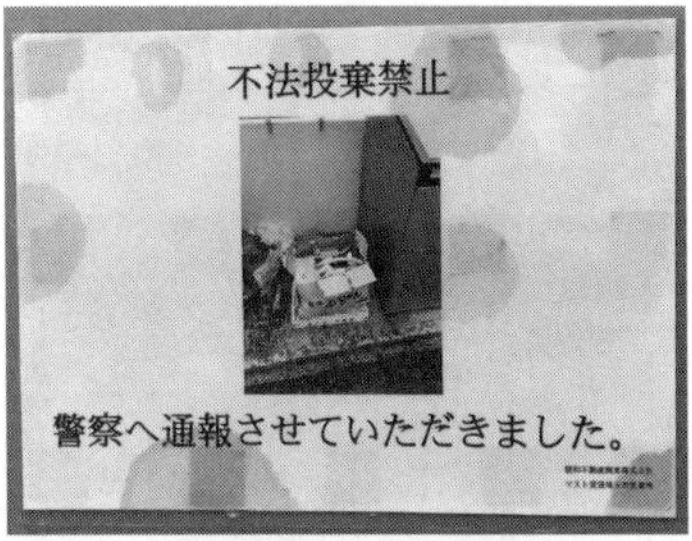

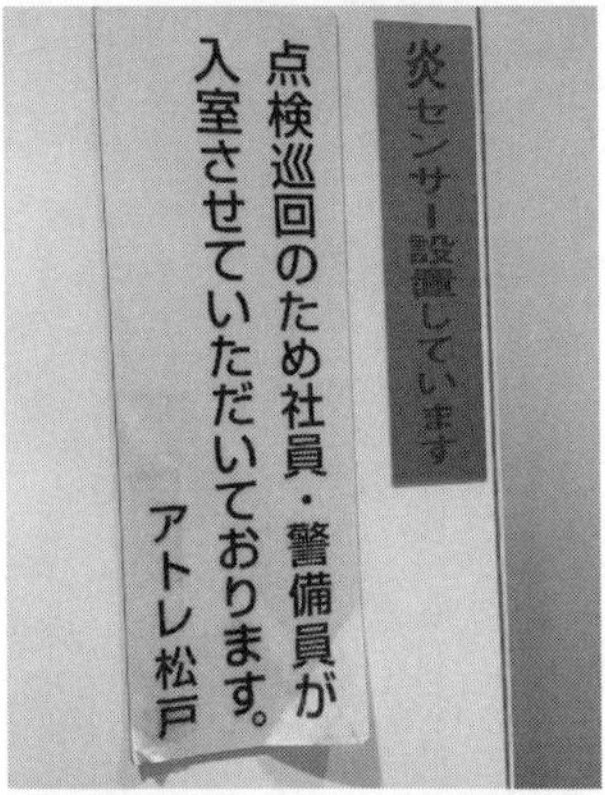

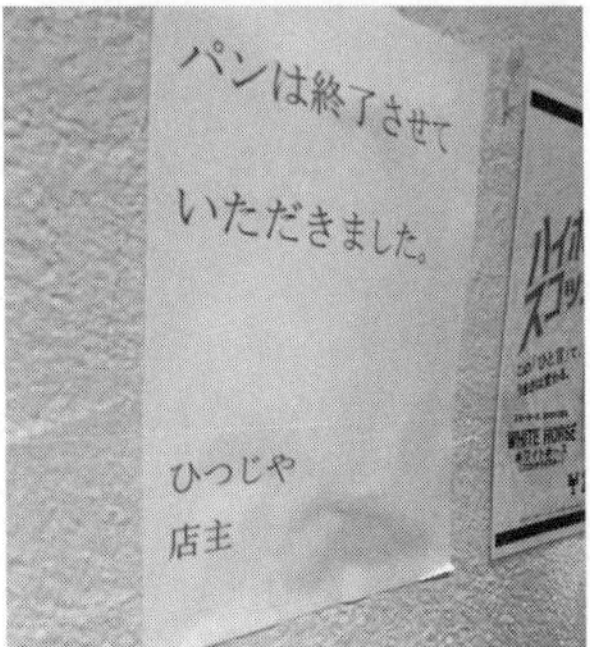

「結婚させていただきます」

先日、知人が「させていただく」が使われている古い記事を送ってくれました。[7]

大相撲の関脇、貴花田《たかはなだ》関（20）＝本名・花田《はなだ》光司《こうじ》、藤島《ふじしま》部屋＝との「夢のプラチナカップル」が大きな話題になったタレントの宮沢《みやざわ》りえさん（19）＝本名同じ＝が1992年（平成4年）10月27日、東京都渋谷《しぶや》区のNHK放送センターで記者会見した。「貴花田関と結婚させていただきます。すごく幸せです」とゆっくりと答えたりえさんは、19歳とは見えぬ落ち着きぶり。「こんな素敵な人には今後も巡り合うことはないと思った」と婚約に至る気持ちを語りながら「（こんなに騒がれて）場所に集中できればいいんですが」と貴花田関に対して心遣いもみせた。

一九九二年とあるので、約三〇年前の記事です。ということは、ちょうど「させていただく」の使用が増加し始めた時期です。

「させていただきます」と言い切り形なのですが、これまで見てきた「させていただきます」の例とはちょっとニュアンスが異なります。「一九歳の娘さんが、世間を相手に胸はってキッパリと言い切ったイメージです。でもこの当時は、もう少し、丁寧にへりくだった、浮かれたところのないお嬢さんという感じで受け止められたのではないでしょうか」というのが、この記事を送ってくれた友人のコメントです。たしかに、「させていただく」ブレイク直後と今とでは、使い方も受け取り方も違ってきているはずです。

「しっかり整わせていただいた。最高!!」

今私が一番気に入っている「させていただく」の使い方は、タレントのおののののかさんが「しっかり整わせていただいた。最高!!」と言っているウェブニュースの用例です[8]。「整う」とは、「サウナに入ってくつろぐこと」を指すサウナ界の仲間内の言葉《ジャーゴン》です。特殊用語だとしても、「くつろぐ」は、本来人から許可をもらう必要のない行為です。ということは、ここでの「させていただく」は上品に話したいという話し手自身の気持ちの表れだと解釈できます。その意味でも新しい用法です。「サウナのおかげでしっかり整うことができました。ありがとうございます！」といった感じでしょうか。おののののかさんの明るくお茶目なキャラも加わって、とてもかわいい言い方だと思います。

かねてより、言語感覚が一番鋭いのは若い女性ではないかと勝手に考えています。長年、通勤電車の中で乗客のみなさんの雑談を観察してきた結果、発音・用法・意味のすべてにおいて、高校生くらいの女性の言葉の使い方が一番斬新で刺激的だと思うようになったからです。半分冗談、半分本気の自説があります。家の中で最初に新用法を導入するのは一〇代の娘さん、その影響を受けて使い始めるのが母親と兄弟、その後しばらく経ってから父親が使うようになります。父親が使うようになった頃にまだ娘さんが使っていたら、その用法は定着しているといえますが、使っていなかったら死語の世界に入っていると判断できるという私的な経験則です。エビデンスもないし、専門的な主張ではないので、ツッコミは遠慮させていただきます。

サザエさんは「させていただだい」てない

先ほど『サザエさん』の例を二つ見ました。文庫版『サザエさん』全四十五巻には、一九四六年から一九七四年までの約三〇年間の約六五〇〇作品が集められています。「させていただく」の使用が増加する一九九〇年より半世紀近く前から一五年ほど前までの作品です。はたして先ほどの二つ以外にも「させていただく」は使われているでしょうか？

次の章で詳しく見ていきますが、人にモノをやったり、人からモノをもらったりする

「やりもらい」を示す動詞を、授受動詞と呼びます。授受動詞には二種類の使い方があります。一つ目は、「お母さんから誕生日のプレゼントをもらった」場合のように、実際にモノなどが移動する使い方で、「本動詞」といいます。もう一つは「友達に本を貸してもらった」場合のように、「て／で」を前に付けて「てもらう」という形にして、「貸す」といった動詞の後ろに付けて、助動詞のように使う場合で、これを「補助動詞」と呼びます。ここでは、授受動詞の前に「させて」が付いた使い方も補助動詞用法に含めています。

次にあげる図1は、文庫版『サザエさん』全四十五巻において、そうした「やりもらい」の授受動詞がどのように使われていたのかを示したものです。実際にモノのやりとりを示す本動詞として使われている場合と、他の動詞の後ろに付いて補助動詞として使われている場合（「て」の付いた形と「させて」の付いた形）の三通りの用法のそれぞれについて、使用頻度を調べたものです。また、その現れ方（分布）が偶然の域を超えていると判断されるかどうかを統計によって検定しています。表の下に書いてある統計結果については、次の章で詳しく見ていくので、ここではどの言葉のどんな使い方が多いか少ないかを書いた、表の下の四角の中を見てください。

この表を見ると、『サザエさん』の時代、モラウ系の授受動詞は本動詞での使用は多いのに補助動詞用法は少なく、反対にクレル系の授受動詞は本動詞での使用は少ないのに補助動詞用法が多いことがわかります。つまり、今から七五年～四五年前には、「いただく」よりも「くださる」の方が補助動詞としてよく使われていたということです。

また「させて」の付いた補助動詞は、どれもあまり使われていません。理由はいくつか考えられます。一つは、時代です。「させていただく」は一九九〇年代に使用が高まりますが、『サザエさん』が描かれたのはそれよりかなり前で、最後の作品でも「させていただく」がブレイクする一五年ほど前です。この表を見るかぎり、ブレイクの兆しもありません。もう一つは、磯野《いその》家が元々東京の人ではないことと関係しています。「させていただく」は関西起源で、昭和三〇年代に東京でも使われるようになったという説があります。ところが文学作品を見ると、明治・大正時代から東京でも「山の手ことば」として普通に使われていたことがわかります。[9] 磯野家の人たちは戦後に東京に引っ越してきているし、どちらかというと下町的な日常生活を送っているので、二重の意味で「させていただく」が使われるような改まったコミュニケーションとは無縁です。それも「させていただく」が使われない理由の一つではないかと思われます。いずれにせよ、この調査からは『サザ

図1『サザエさん』における授受動詞の使用頻度

		本動詞	
ヤル系	やる	14	42
	あげる	23	
	さしあげる	5	
クレル系	くれる	11	30▼
	くださる	19	
モラウ系	もらう	33	74▲
	いただく	41	

		補助動詞				
		「て」の付いた形		「させて」の付いた形		計
ヤル系	やる	31	83	3	6	89
	あげる	51		3		
	さしあげる	1		0		
クレル系	くれる	98	233	4	10	243▲
	くださる	135		6		
モラウ系	もらう	23	46	1	6	52▼
	いただく	23		5		

「くれる・くださる」は、本動詞が少なく、補助動詞が多い
「もらう・いただく」は、本動詞が多く、補助動詞が少ない
「させていただく」はあまり使われていない

$\chi^2(2) = 100.226$, $p < .01$, Cramer's V = 0.435
本動詞用法と補助動詞用法全体の頻度を統計にかけたところ、1％水準で有意差あり。
表中の▲は1％水準で有意に多い、▼は1％水準で有意に少ない、無表示は有意差がないことを示す。

エさん』が「させていただく」ブレイク前のお話だったことがわかります。
しかし、「てくださる」の側からこの表を見ると、まったく違う景色が見えてきます。この時代には、じつは「てくださる」という補助動詞が偶然ではなく（「有意に」といいます）多く使用されているという統計結果が出ています。今から二世代前は、「てくださる」の全盛期だったのです。

当時の磯野家の人々は、補助動詞の「てくださる」を、おそらく相手への敬意を込めて他の動詞と一緒に尊敬語として使っていたのだと思います。まさかその半世紀ほど後に、「実家に帰らせていただきます」という定型表現でしか使われていなかったレアな「させていただく」の時代が来るなどとは、磯野家の人たちは夢にも思わなかったでしょう。

言葉の使い方は時代によって異なることがよくわかりました。また、ブレイク前の『サザエさん』の時代には、「させていただく」はほとんど使われていないこともわかりました。『サザエさん』の連載が始まって四〇〜五〇年くらいたってから「させていただく」が「ブレイク」したように見えるわけですが、本当のところは、その四〇〜五〇年くらいの間に、静かに使用が広がっていたのかもしれません。『サザエさん』でどう使われているかを調べたおかげで、ブレイク前の時代の「させていただく」の用例を集めるには大量のデータを見なくてはいけないことがわかりました。
次の章では、いつ「させていただく」という言い方が出現し、定着したのか、少し詳しく見ていきたいと思います。

第一章　注

1　放送大学教授の滝浦真人さんから写真を提供していただきました。
2　宮野真守さんのブログ https://lineblog.me/mamoru_miyano/archives/2620899.html（二〇二一年六月一日閲覧）
3　二〇一九年二月六日『朝日新聞』朝刊に掲載されたものです。
4　右は『サザエさん』第一八巻、一一七頁、朝日新聞社、左は『サザエさん』第三八巻、三三頁、朝日新聞社。
5　ライターの成田全さんから写真を提供していただきました。
6　放送大学教授の滝浦真人さんから写真を提供していただきました。
7　『サンデー毎日』一九九二年（平成四年）一一月二五日号。毎日新聞社記者の小国綾子さんから情報を提供していただきました。
8　放送大学教授の滝浦真人さんから情報を提供していただきました。

9　松本修（二〇〇八）「東京における『させていただく』」『國文学』九二、三五五－三六七頁、関西大学国文学会。

第二章　ブームの到来——「させていただく」の勢力図

「させていただく」への不思議な反応

二〇二一年に『「させていただく」の語用論』（ひつじ書房）[1]という本を出しました。ネットニュースで取り上げてもらったおかげで、たくさんのコメントがネットに投稿されました。それを読むと、「させていただく」への反応は概《おおむ》ね二つに分けられます。一つ目は、「自分も『させていただく』がよく使われていると感じていた」といった「させていただく」現象に関心を示すものです。二つ目は、「自分は『させていただく』に違和感があるので使わないようにしている」といった「させていただく」への違和感を表明するものです。前者には中立的な態度が、後者には否定的な態度が感じられます。

不思議なことに、「『させていただく』は使いやすくて便利だ、使用増加は当然」といった「させていただく」擁護派のコメントはあまり見られません。普通、物事への意見は賛成と反対に分かれるものですが、「させていただく」に関しては事情が異なるようです。

これほど使われているのに、「させていただく」を積極的に擁護する人はあまりいないのは、なぜなのでしょうか？

「させていただく」は、たしかによく使われていますが、使用の理由は様々です。意識して使っているというよりも、定型表現として使ったり、ほかに適切な表現がなくて仕方なく使ったりしているのかもしれません。もしそのような消極的な理由で使われているとしたら、積極的な支持者がいないのも無理はありません。

しかし、先日「させていただく」の最強の擁護者の存在に気がつきました。三浦《みうら》しをん原作の映画『舟を編む』のモデルの一人と言われている国語辞典編纂《へんさん》者の飯間《いいま》浩明《ひろあき》さんです。飯間さんは「させていただく」について、次のように書いています。


「考えさせていただく」「採用させていただく」などの「させていただく」は、目の敵にされる表現です。何かというと使われ、耳障りだというのです。

ただ、どんなことばでも、濫用されれば耳に立つのは当たり前です。むしろ、私たちは「させていただく」に恩義があります。というのも、敬語の欠陥を助けてもらっているからです。（中略）「させていただく」は、へりくだった表現ができなくて困ったときの特効薬です。[2]

ここでいう「敬語の欠陥」とは、謙譲語がなかったり、へりくだった表現が作れなかったりすることです。具体的には、「帰る・使う・参加する・変更する」などのように、「お

〜する」を使って謙譲語が作れない場合があることを指しています。そんなとき、動詞に「させていただく」を付けると、「帰らせていただく」「参加させていただく」というようにへりくだる言葉が作れるのです。だからこそ、「させていただく」は「特効薬」だし、「働き者」なのです。ついに「させていただく」の味方現る！といったところです。

飯間さんによると、「させていただく」を平和に使うためには、三つの使用上の注意点があるそうです。以下に、要点をまとめておきます。[3]

（1）謙譲形のある動詞は、それを使うこと
（2）へりくだる必要のないところで使わないこと
（3）なるべく繰り返しを避けること

その通り！　このルールを守っていると大丈夫ですが、反していると違和感を覚えます。

このように「させていただく」は困った時に助けてくれる力強い助っ人です。何といってもこれだけ人気があるのですから、間違いなく役に立つ敬語です。現代のコミュニケーションにおいて大活躍している言葉として、本当はもっと評価されてもよいはずです。せ

めて相応の評価を受けてもよいのではないでしょうか。

「語用論」のアプローチ

私が書いた本のタイトルは『「させていただく」の語用論』なのですが、時々「誤用論」と間違えられることがあります。音は同じですがまったく別物です。間違った用法を指摘しているわけではありません。「語用論（pragmatics）」とは、コミュニケーションの中で言語がどのように使われているのか、なぜ言外のメッセージが伝わるのかなどといった、実際に使われている言葉を観察する言語学の一分野なのです。

たとえ「させていただく」が濫用されているとしても、その状況を分析して解説することはあっても、批判するつもりはありません。言語が変化しているからには必ず社会や人間関係が変化しているはずなので、それを見逃さないように観察したいだけなのです。

語用論は、基本的にはそういうスタンスを持っています。しかし、個人的な好みはあるので、言葉の端々に読み取れるかもしれません。先に言っておくと、私はどちらかというと、格式ばらず本音で話をするようなコミュニケーションが好きです。「させていただく」が気になったのも、そのような自分の言語感覚のせいかもしれません。

使う人・使わない人

「させていただく」は、もうそれなしには社会生活が送れないのではないかと思ってしまうほど、話し言葉でも書き言葉でも使われています。政治家が不祥事を起こして「反省させていただきます」と言い、芸能人が「○○さんとお付き合いさせていただいています」と言っています。もはやこれを使わないでは記者会見は成立しないと言っても過言ではないくらい定型化しています。視聴者の側にも「させていただく」が使われるのを期待するところがあり、使われないと、もの足りない感じがします。勝手なものです。

政治家や芸能人に限らず、一般の人も似たりよったりです。営業職に就いている人やSNSで不特定多数の人の目や耳に触れるところで言葉を使う人たちは、受け手に失礼のないように細心の注意を払って言葉を使っています。その結果、「させていただく」を連発してしまうわけです。

反対に、あまり使わない人たちもいます。不特定多数の人たちに言葉を発することのない、職人的な仕事に従事している方たちです。先日、カジュアルレストランのシェフに「させていただく」を使うかと聞いたら、「僕たちは、人が使うのを聞くことはあっても、自分が使うことはほとんどないっスね」という答えが返ってきました。

私は教員なので、人と話をするのは主に授業と会議です。授業で学生に「させていただく」を使うことはほとんどありませんが、会議では、ヘビーユーザーになります。司会者になると、「では会議を始めさせていただきます」から「これで会議を終わらせていただきます」までの間に、承認させていただいたり、次の議題に移らせていただいたり、使いまくります。会議は「させていただく」が多く使われる場の一つです。なぜそうなのかは、第四章を読み終える頃には明らかになっているはずです。

このように、人によって使う人はものすごく使うのに、使わない人はほとんど使わないし、同じ人でも、場面によって使ったり使わなかったりと、事情は様々です。

「させていただく」は一時期「させていただきます症候群」と言われたこともありますが[4]、今はもっとニュートラルに「させていただくブーム」と呼ばれています。「させていただく」は使役の助動詞の「させる」と授受動詞「いただく」が連結の「て」で繋《つな》がったフレーズなので、元々の意味が保持されていると考える人の中には、相手からの許可もありがたい気持ちもない現在の使い方に対して「間違っている」と違和感を覚える人もいるでしょう。「使ってよいのか？」と疑いながら使っている人や、「使いすぎだ」と考えて使用を控えている人もいるようです。

「させていただく」が言語学者だけでなく多くの人々から注目され、論じられているのは、このように頻繁に使われている一方で、違和感を覚える人がいるためなのでしょう。

新しい敬語のお仕事

ここでちょっと日本語の敬語体系を見ておきましょう。敬語は、以前は尊敬語、謙譲語、丁寧語の三つに分類されていましたが、今はそこに丁重語、美化語が加わり、五つに分類されています。[5] 滝浦真人さんの論文（二〇二二年刊行予定）に、新しい五分類の敬語の役割を示した模式図があるので、それをお借りして説明します。[6]

尊敬語は行為の動作主である相手に敬意を向けてその行為を示すものです。「いらっしゃる」や「召し上がる」、「お話しになる」のような「お〜になる」という形も尊敬語です。模式図では①が尊敬語で、矢印が話し手から動作主に向かう敬意を示しています。

謙譲語は、謙譲語と丁重語の二つに分けられました。謙譲語は自分の行為をへりくだって言うもので、敬意は自分の行為が向かう相手に向けられます。「伺う」や「いただく」、「ご案内する」のような「お〜する」という形も謙譲語です。模式図では②が謙譲語で、

図2-1 敬語の意味機能

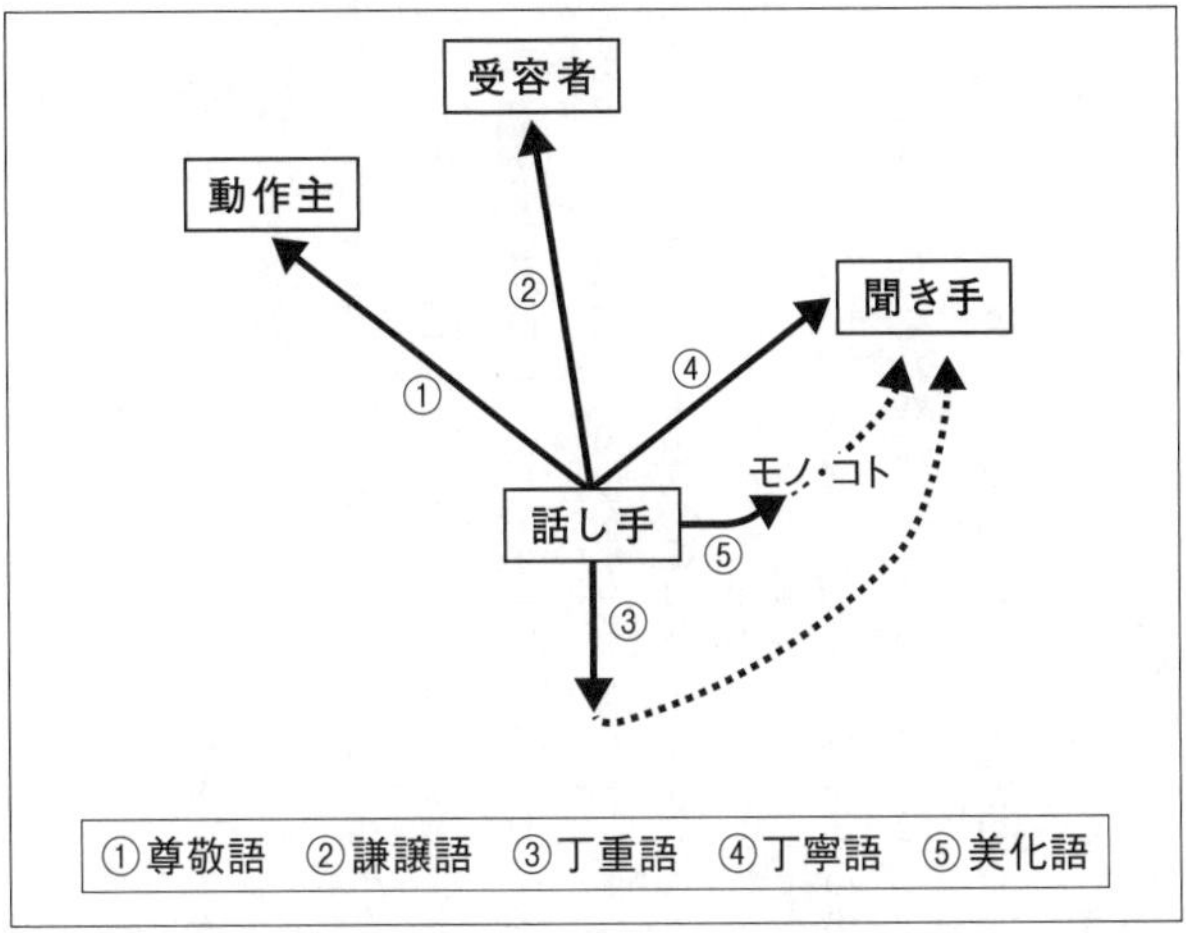

敬意を示す矢印が話し手から行為の受容者に向いています。

丁寧語には「です」「ます」「でございます」があります。聞き手に対して丁寧に述べるための敬語です。「美《お》味《い》しい」という形容詞に丁寧語の「です」をつけると「美味しいです」と丁寧な表現になります。昔、テレビの料理バトルの番組から「おいしゅうございます」というフレーズがブームになりました。[7] これは「美味しい」に丁寧語「ございます」を付けた、より丁寧で上品な言い方です。模式図では④が丁寧語で、敬意の矢印が話し手から聞き手に向いています。

模式図では、自分は「話し手」という役

割でしか示されていませんが、相手は「動作主」「受容者」「聞き手」という三つの役割で示されており、話し手の敬意が相手のどの役割に対して向けられているかが示されています。役割は一人一役から一人三役まで、色々な場合があります。

丁重語は謙譲語から分かれたもので、「申す」や「参る」、「利用いたします」(「ます」は丁寧語)のような「いたす」を付けた形があります。「愚息」「弊社」「小社」「拙著」といった「愚」「弊」「小」「拙」を付けた形も丁重語です。

丁重語と謙譲語は、自分の行為をへりくだる点は同じですが、行為が相手に向かうかどうかが異なります。謙譲語は自分の行為を受ける相手に敬意が向かいますが(「先生のところに伺います」)、丁重語は自分がへりくだるだけで行為は相手に向かいません(「これから京都に参ります」)。丁重語の場合、敬意は相手の「聞き手」という役割へと向かっています。大事なのは、敬意が向かう先にある役割が敬語によって違うことです。同じ人でも、その人の果たすどの役割に敬意が向かっているのかが大事なわけです。

模式図では、②が謙譲語で③が丁重語です。②は実線の矢印が直接相手に向かっていますが、③の実線の矢印は下向きに伸びて、話し手がへりくだっていることが示されていますが、矢印は相手に向かっていません。ただ、その矢印の先から点線の矢印が「聞き手」

に向かっています。これは自分の行為をへりくだって言うことによって、聞き手である相手に間接的に敬意が伝わることを示しています。

新しく加わった美化語は丁寧語から分かれたものです。「お酒」「お水」「お米」など、昔から使われているものから、「お肌」「おビール」など、最近の使い方まで様々に使われています。美化語の「お（ご）」は、名詞だけでなく動詞に付けて「お勉強する」「お料理する」という使い方もあります。美化語は話し手が物事や行為を上品に言うときに使う敬語で、模式図では⑤が美化語です。相手に関係のないモノに「お」を付けているので、敬意は相手に直接向かいませんが、物事を丁寧に言うことによって自分の品格を示し、間接的に丁寧さが聞き手に伝わるという意味で、点線の矢印が聞き手に向かっています。

このように敬語は三分類から五分類に変わりました。ここで押えておきたい点があります。かつては、（動作主、受容者、聞き手といった役割を負った）他者に敬語が向けられるタイプの敬語（尊敬語、謙譲語、丁寧語）が注目されていました。そこに、自分が丁寧であることを示すことによって、間接的に聞き手に敬意が伝わるタイプの敬語（丁重語と美化語）が加わりました。これはこれからの敬語を考える上で重要なポイントです。

敬語の使用には上下関係だけでなく、親疎関係も深く関わっています。私たちは目上の人だけでなく、知らない人と話すときにも敬語を使います。後者の場合、敬意を持っているからというよりも、知らない人と距離をとりたい、相手の立場を尊重したい気持ちで敬語を使って距離感を保っているわけです。

敬語の体系が変わってきたことには、社会やコミュニケーションの変化が反映しています。行為に直接関わる相手に敬意を示すタイプの敬語から、コミュニケーションの相手に自分の丁寧さを示すタイプの敬語へのシフトです。これはコミュニケーションにおいて私たちが相手とどう対面するのか、その様式や距離感が変化していることを示しています。つまり、相手に敬意を向けて話をするよりも、自分の丁寧さを示しながら話をするようなコミュニケーションスタイルが好まれるようになってきたことを意味するのではないでしょうか。このことは、じつは「させていただく」の使用増加とも深く関係しています。

敬語とタメ語の距離感操作

そもそも敬語とは、尊い相手に触れないように距離をとるために使う言葉です。つまり、私たちは相手に対する敬意を距離感で示しているわけです。敬意が大きければ大きいほど距離を大きくとることになります。遠ざかることを「遠隔化」というので、敬語には遠隔化作用があると言えます。

逆に、タメ語は相手と距離をおかず、相手に近づく言葉です。近づくことを「近接化」というので、タメ語には近接化効果があると言えます。

言葉の世界では、このように敬語を使って距離感をおいて相手への敬意を示したり、近接化効果のあるタメ語を使って相手との距離を縮めて親しさを演出したりします。ここでいう距離感とは、もちろん物理的な距離感ではなく心理的な距離感のことです。

上下関係・親疎関係は、縦の関係・横の関係と表現されることがありますが、どちらも敬語が作り出す距離感によって一つの尺度で示すことができます。知らない人と話をするときに敬語を使うのは、敬意を示しているというよりも、親しくないので距離をとって相手の領域を侵害しないようにしていると考えると、納得がいきます。

私たちはこのように、敬語を遠隔化の道具として、タメ語を近接化の道具として使っています。これまで敬語を使っていたのに、急に使わないで話すと相対的に近づくことになり、馴《な》れ馴《な》れしい感じがします。逆に、これまでタメ語を使っていたのに敬語を使うと、距離ができてよそよそしく水臭い感じがします。敬語とタメ語を相手や場面に応じて臨機応変に使い分けることによって、私たちは相手との距離を調節しているのです。

距離感に関連する事柄として「主語は誰か？」という問題をここに加えておきます。日本語では主語は明示されませんが、誰が主語なのかは動詞と文脈から推測できます。主語が一人称の自分だと、言語的に相手に触れないので相手から距離をとることができますが（遠隔化）、主語が「あなた」だと言語的に「あなた」に触れてしまうので、近接化が起こります。補助動詞の距離感を考えるときには、敬語形かどうかということと、主語は誰かということに注目する必要があるので、覚えておいてください。

上下関係とは別タイプの敬語

さて、「させていただく」という補助動詞は、どんなタイプの敬意表現なのでしょうか？授受動詞の本動詞「いただく」は謙譲語に分類されているので、「させていただく」も謙譲語です。しかし、現在「させていただく」は変化の過程にあり、第一章で見たように、機能も昔のままではありません。そうしたことも考えるべきポイントとして、これから色々な現象を観察していきましょう。わかったことを総合しながら、「させていただく」はどんな働きをしているのかという問いに答えていきたいと思います。

日本語の敬語研究では、尊敬語、謙譲語、丁重語、丁寧語、美化語といった、いわゆる正統的な敬語の歴史的研究が長年なされてきました。そうした従来の敬語があり、もう一方に「授受動詞」と呼ばれる「やりもらいの動詞」があります。「やる・あげる・さしあげる／くれる・くださる／もらう・いただく」という三系列七語で一つの体系を成しています。他の動詞の後ろにつけて、恩恵や丁寧さなどを示すこともできます。相手への配慮を示すという意味で、これらの補助動詞は敬語と同じような働きをしていますが、同時にちょっと異なる機能も持っています。

敬語は上下の身分関係やウチソト関係を表すときに使われ、授受動詞の補助動詞用法は恩恵関係を表す時に使われています。敬語の方はどちらかというと固定的な関係を示しますが、授受動詞の方はそのつど臨時的に取り結ばれる（商売などの）関係における遠近の距離感を調整しているので流動的です。当然のことながら、補助動詞は、前近代から近代へ、近代から現代へという大きな時代の流れの中で、人々の匿名的・臨時的な関係性におけるポライトネス（言語的配慮）を担うのに適していたのです。こうした敬語と授受動詞の補助動詞用法の特徴を図に整理したのが図2－2です。

「くださる」「いただく」は敬語形なので、「敬語」と呼べるのですが、「くれる」「もらう」といった非敬語形でも、じつは同様の丁寧さを伝える役割を果たしているので、単に敬語形か否かといった形式だけの問題ではなく、授受動詞の補助動詞用法かどうかが重要です。細かく見ると違いはあるのですが、ここでは授受動詞の補助動詞用法を、敬語に準ずる機能を持っているものとして扱っていきます。[8]

他の動詞の後ろにつけて使われる用法は補助動詞と呼ばれています。この本では授受動詞について、しかも、もっぱら「させていただく」を扱っているので、「授受動詞の補助動詞用法」のことを、略して「補助動詞」と呼ぶことにします。[9]

例として授受動詞の「もらう」を取り上げます。「誕生日にプレゼントをもらった」の場合は授かるという意味の「もらう」が本動詞として使われています。しかし、もらうのはモノだけではありません。「休暇をもらう」「元気をもらう」「お休みさせてもらう」などのように、抽象的な事柄や気持ち、行為への許可も「もらう」ことができます。

例えば「書く」という動詞に「もらう」を付けると、「書いてもらう」となります。ここでもらうのは、「あなた」の「書くという行為」です。単に「あなたが書く」というと、「私」とは関係のない事柄ですが、「書いてもらう」というと、言語的に「あなた」と「私」の関係が生まれます。詳しくは第三章で論じますが、この言語的な「あなた」との関係性を「あなた認知」と呼びたいと思います。そのことが付け加わることで、聞き手は

図2-2 敬語と授受動詞の補助動詞用法の機能の違い

	敬語	授受動詞の補助動詞用法
使用場面	身分関係	恩恵関係
	固定的	流動的
匿名的・臨時的関係	不適切	最適
時代性	〜近代	現代

それを自分への配慮と感じるわけです。「書いてもらう」と言うことによって、書いている「あなた」と「私」がやりもらい関係で繋がります。「てもらう」を敬語形にして「書いていただく」にすると、さらに丁寧さが増します。この「丁寧さ」の正体は何かというと、じつは距離感です。

敬語には敬意が込められているのですが、言語的には距離感として表現されています。これは一種の隠喩《いんゆ》（メタファー）です。相手の行動を「書く」と直接的に表現せずに、そこに補助動詞を加えて「書いてもらう」とすると、自分がもらう側になり下位に位置づけられ、へりくだることになります。「てもらう」によって自分と相手との間に一時的に虚偽の上下関係ができて距離感が生まれ、直接性が薄まって丁寧さが醸し出されるわけです。

授受動詞について押えておくべき重要なポイントは、やりとりされるものが何であれ、やる側が上位に、もらう側が下位に位置づけられることです。上司が部下に対して仕事を依頼する場合に「この書類、明日までに作っておいてもらえますか？」と「もらう」を使ったりするのは、会社での職階による元々の上下関係を「もらう」で（自分をもらう側へと低めて）中和することによって、相手への配慮を示しているのではないかと思います。

モノやお金など、価値のあるものは、上位者から下位者へと与えられるのが普通なので、「先輩に美味しいお店を紹介してもらった」は普通に言えますが、逆の場合、「先輩に美味しいお店を紹介してやった」は粗野な感じがするし、「してあげた」も恩着せがましく聞こえます。さらに敬語のレベルを上げて「紹介してさしあげた」に変えてみても、話し手が気取っているとしか解釈できず、今はちょっと使えない感じがします。自慢話やマウンティングをするのでないかぎり、自分が目上の人よりも上位に立つような表現は、はばかられるからです。

では、そういう場合、どのように言えばよいのでしょうか？「させていただく」の出番です。「させてもらう・いただく」を使って、「紹介させてもらう・いただく」にすると、不遜《ふそん》な感じが薄れます。行動の許可をありがたく受け取っていることになるからです。

上下関係が明確な身分社会では、尊敬語、謙譲語、丁寧語といった伝統的な敬語が有効に機能していました。しかし、現代の民主的な社会では、人々の間に固定的な身分や階級のような上下関係はなく、人間関係は基本的に平等だとされています。そこにあるのは、基本的にはフラットな横の関係です。そういう平等な社会では、上下関係で使われていたものとは異なるタイプの敬語が必要となります。そういう時に丁重語や美化語が役に立つわけです。相手が誰であれ、自分の丁寧さが示せるからです。それらに加えて、その場その場の関係性の中で丁寧さを示すことのできるのが、「させていただく」のような補助動詞として使われた授受動詞です。

授受動詞、補助動詞とは何か？

ここで、この本でよく使う用語について簡単に説明しておきます。

授受動詞とは、もののやりとりを表す動詞のことです。モノあるいはその所有権が、ある人から他の人に移動することを示します。やりもらい動詞と呼ばれることもあります。

授受動詞には普通形（非敬語形）と敬語形があり、三系列七語で一つの体系を構成しています。何をやりとりするかというと、最初は具体的なモノでした。しかし、使われていくうちに、時間とかお休みなど、さらには配慮や気持ちなどといった抽象的なもののやりとりも示すようになり、使用が拡大して、今に至っています。

ヤル系　やる・あげる・さしあげる
クレル系　くれる・くださる
モラウ系　もらう・いただく

ここで、これらの三系列の授受動詞が示すモノが移動する方向性を考えてみましょう。ヤル系だと自分から遠ざかる方向へとモノが移動します。これを「遠心的」と呼びます。反対に、クレル系とモラウ系は自分に近づく方向にモノが移動します。これを「求心的」と呼びます。三系列と言いましたが、ヤル系だけが「遠心的」で、他の二つは「求心的」な授受動詞です。じつは、この方向性は敬語形の変化のスピードと深く関連してきます。

さて、英語には can, will, may, must などのように、動詞と一緒に使われる一連の助動詞があります。ここで取り上げる「させていただく」を含め、他の動詞と一緒に使われるやりもらいの動詞「もらう・くれる・やる」は、ちょうど英語の助動詞のような働きをしています。他の動詞と一緒に使われて、話されている事柄や命題に対する話し手の態度や聞き手との関係など、微妙なニュアンスを伝える働きをしています。英語の助動詞は動詞の前に置かれますが、日本語の補助動詞の場合は動詞の後ろに置かれます。

ここに至るまでにすでに何度も使っていますが、日本語の授受動詞の場合は、他の動詞と一緒に使われるものを「助動詞」ではなく「補助動詞」と呼んでいます。文字通り、他の動詞を補助しているという意味です。補助動詞と一緒に使われている動詞は本来の意味や機能で使われているので、「本動詞」と呼ばれています。

まず、授受動詞が補助動詞として使われている例として「答えてもらう」の構造を見てみましょう。「答えてもらう」は「答える」という動詞と、授受動詞「もらう」の補助動

図2-3「答えてもらう」の構造のイメージ図

図2-4「答えさせていただく」の構造のイメージ図

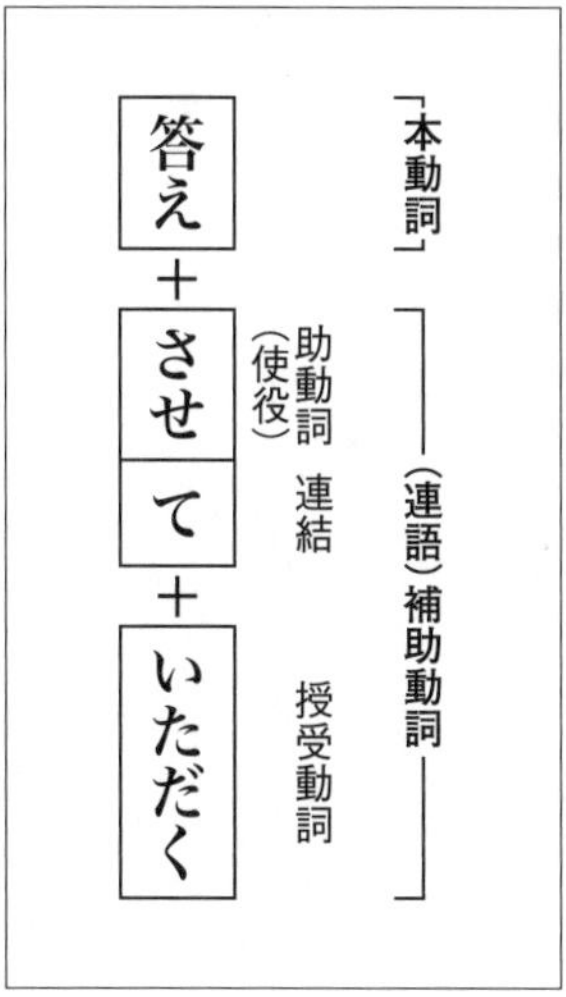

詞用法が、連結の「て」（接続助詞）で繋がっています。イメージとしては、図2－3が示すような構造になっています。

そこに使役の助動詞の「させる」が加わると「答えさせてもらう」になります。「もらう」を敬語形にすると、「答えさせていただく」となります。[10] ここでは、「させていただく」も補助動詞として扱います。イメージとしては、図2－4のような感じです。

一〇〇年越しの「させていただく」

授受動詞体系が言語史の中でどのように使われてきたのかを概観しながら、「させていただく」に関して押えておくべきポイントを整理していきましょう。授受動詞体系といっても、これらの動詞は最初から「体系」だったわけではありません。出現の時期はそれぞれ異なるし、最初は相互に関連のない言葉として使われていました。それが三系列の授受動詞として相互に影響しあうようになってはじめて体系を成したといえるわけです。

「させていただく」という言葉は一八七〇年頃に出現しているので、かれこれ一五〇年くらい使われていることになります。ブレイクしたのが一九九〇年代で、それから三〇年たった今、「ブーム」と言われているわけです。

言語学では、ある特定の現象が観察できるようになった時に、「出現した」とか「発生した」といった言い方をします。「出現」というと、ニュアンス的にはある日突然出てきた感じがしますが、本当のところは、それまで言語的に徐々に変化してきて「一歩手前」まできており、次の一歩が踏み出されたときに、みんなが気づくということかもしれません。ただ、その一歩が新しい形だったりすると、「ある日突然出現した」かのように見えるのです。「させていただく」の場合だと、「ていただく」が出現して数十年の間に、「させていただく」が出現したことになります。

では、なぜ「させていただく」は一九九〇年代に使用が増加したのでしょうか？　その答えを見つけようと、「させていただく」の研究論文をたくさん調べましたが、答えは見つかりませんでした。先行研究を見るかぎり、そもそもそういう「なぜ？」という問いは、言語学者の間では論じられていませんでした。

言語の変化は社会や人々の意識の変化を反映していると考えると、その頃になにか大きな社会的変化や出来事が起こったのではないかと考えたくなります。しかし、言語変化というのはそれほどスピーディーなものではないし、歴史的事象と言語変化を直接的に結びつけることは簡単にはできません。

「させていただく」が一九九〇年代に使用が増加し始めたと説明をすると、「なぜ一九九〇年頃に増えたのですか？　何かきっかけがあったのですか？」という質問をよく受けますが、じつはこれはとても難しい質問なのです。

一九九〇年代というと、バブルが崩壊し始めた頃だから、関係があるのではないかと考える人がいるかもしれません。しかし、言語学者としては、言語の歴史的変化はもっと長い視点で見るべきだろうと考えています。言語の変化は五〇年とか一〇〇年といった長いタイムスパンで観察しないとわからないので、同時期の社会的な出来事と結びつけて早急に判断すべきではないからです。

社会言語学では、産業革命以来の地方から都市への人々の流入による匿名性の高まり、身分制度がなくなったことによる民主化、それに加えて身分の流動性の高まりなどによって、人々の距離感や言語意識が変化し、人々は相手に対して失礼のないようにポライトに（＝配慮して）話すようになったというのが定説になっています。イギリスの言語学者も日本の言語学者も類似したことを主張しているので、これは洋の東西を問わず、当てはまることではないかと思います。[11]「させていただく」も、そうした社会の変化と人間関係の変化の中で出現したものだと考えられます。

本動詞用法から補助動詞用法へ

授受動詞には、本来の意味で使われる本動詞用法と、他の動詞と一緒に使われる補助動詞用法があります。最初は本動詞用法で使われ、その後に徐々に補助動詞として使われるようになります。この変化の方向性は決まっています。一般的に、補助動詞用法は動詞本来の意味が薄れて文法的な機能を負って使われるようになったものです。

「させていただく」の文法事項のまとめ

ここで文法的に大事なことをまとめておきます。

まず「敬語」についてですが、敬語は相手への敬意を示すだけではなく、相手との距離感をほどよく保つためにも使われています。

次に「させていただく」についてですが、これは使役の助動詞「させる」と授受動詞「いただく」が連結の「て」で繋《つな》がった連語です。授受動詞には三系列（ヤル系、クレル系、モラウ系）があります。ものやりとりを示す動詞を補助動詞として使うことによって、話し手は自分と相手との関係性の微妙なニュアンスを伝えることができます。

授受動詞には、ヤル系のようにモノが自分から遠ざかる「遠心的」なタイプと、クレル系とモラウ系のように自分の方に近づく「求心的」なタイプがあります。もののやりとりでは、与える側が上位、もらう側が下位になるので、「さしあげる」などのヤル系の動詞を使うと、話し手が上になるニュアンスが出てしまいます。一方、クレル系とモラウ系は、与える側のあなたが上位に、もらう側の話し手が下位にくるニュアンスが出てきます。

敬意漸減《ぜんげん》の法則

このように本動詞から遅れて使われるようになった補助動詞ですが、使用状況を時代的に観察すると、昔「お話しいたします」とか「お話しさせてください」と言っていたところで、今「お話しさせていただきます」と言うようになってきたことがわかります。じつは、こうした語《ご》彙《い》交代には「敬意漸減の法則」が深く関わっています。

「敬意漸減の法則」とは、敬語に含まれている敬意が使われるうちに少しずつすり減っていく現象です。[12]「敬意逓減《ていげん》（低減）」とも呼ばれています。敬意が減っていく方向には二種類あります。尊敬語のように敬意を相手に向けて相手を上に位置づけるような（相手を主語にした）表現の場合、敬意がすり減ってくると、相手が自分と同レベルか、自分よりも下に下がってしまいます。逆に、自分がへりくだる（自分が主語の）言葉だと、自分に焦点が当たって、自分が尊大化して偉そうに聞こえるようになっていきます。一つだけ確かなことがあります。それは、敬意漸減はどんな敬語も逃れられないということです。

例を見てみましょう。「敬意漸減の法則」の説明によく使われるのが、呼称の例です。例えば、「貴様」という言葉は、江戸《えど》時代には、目上の人に宛てた手紙などに使われていました。その後、軍歌にあるように、「貴様」と「俺」は同輩になり、今では喧嘩《けんか》や相手を罵倒《ばとう》する場面でしか使わない侮り言葉になっています。かなりの凋落《ちょうらく》ぶりです。

二つ目の例として、自分がへりくだる動詞の例を考えてみましょう。「司会をいたします」といった場合の「いたす」は丁重語です。「いたす」は元々へりくだりの言葉なのですが、使われていくうちに敬意がすり減って、今では格式ばった言い方になっています。話し手が偉そうに聞こえる場合さえありますが、これは敬意漸減が起こっている証拠です。

つまり、相手を上位に、自分を下位に位置づけて、相手に敬意を示していたのに、上げていた相手が下がり、下げていた自分が上がって、上下関係が逆転してしまうのです。敬意が減少してくると、人々は敬意が足りないと感じるようになり、敬意を高めようと敬語を追加していき、結果として敬意のインフレーションが起こります。

授受動詞に関して言えば、ヤル系には「てあげる」と「てさしあげる」という二つの敬語形があります。他の補助動詞に一つしか敬語形がないことを考えると、敬語形が二つも出てきた背後には、敬意漸減に絡むヤル系の特殊事情があるのでしょう。

敬意漸減と敬意のインフレーションは深く関係しています。「やる」は自分から相手に対して（遠心的に）モノや事柄が移動します。もののやりとりには与える側を上位に、もらう側を下位に位置づける上下関係が伴うので、上位の「やる」側が尊大化する傾向があります。「やる」が尊大で野卑な言葉になってしまったために、敬語形の「あげる」が使われるようになります。しかし、その「あげる」も敬意漸減のために敬意不足となり、さらなる敬語形「さしあげる」が要請されたわけです。しかし、ここにも敬意漸減が起こり、上から目線になって、使いにくくなってきたわけです[13]。

つまり、ヤル系の「あげる」「さしあげる」は、主語である自分が与える側で上位になるだけでなく、敬語形なので敬意漸減が起きて主語が尊大化するという、二重の尊大化効果の影響を受けるので、それだけ他の補助動詞よりも敬意漸減のスピードが速く、変化のサイクルが速いのではないでしょうか。だからこそ敬語形が二つも出てきたわけです。

三系列の授受動詞は、本動詞として使われるようになった時期も、補助動詞として使われるようになった時期も異なります。今は授受動詞体系とか補助動詞体系などのように「体系」と呼んでいますが、図３の年表が示すように、それぞれの補助動詞はバラバラに出現しており、出現当時は相互に関連なく独立して使われています。最初から一つの体系としてこれらの単語が出現したわけではありません。

じつは、古典語（室町《むろまち》時代末期）にも「ヤル・クレル・モラウ」という言葉は存在しますが、必ずしも授受動詞としての意味が確立しておらず、互いに関連なく使われているので、授受動詞体系とはいえません。これらの動詞が授受の意味を持ち、相互の意味や機能が相補的に影響を及ぼすようになってはじめて、体系とみなすことができるのです。一旦《いったん》、体系ができると、体系の中での各々の勢力関係が出てくるようになるわけです。

遅れてきた「させていただく」

三系列七語のうち、クレル系とモラウ系の補助動詞は次のような順で出現します。「てくれる」→「てくださる」→「てもらう」→「ていただく」→「させていただく」「させていただく」は最後に出てきて、今大活躍中です。ちょっと先回りして、「てくれる」の出現から「させていただく」が覇権《はけん》を握るまでの変遷を簡単に整理しておきます。

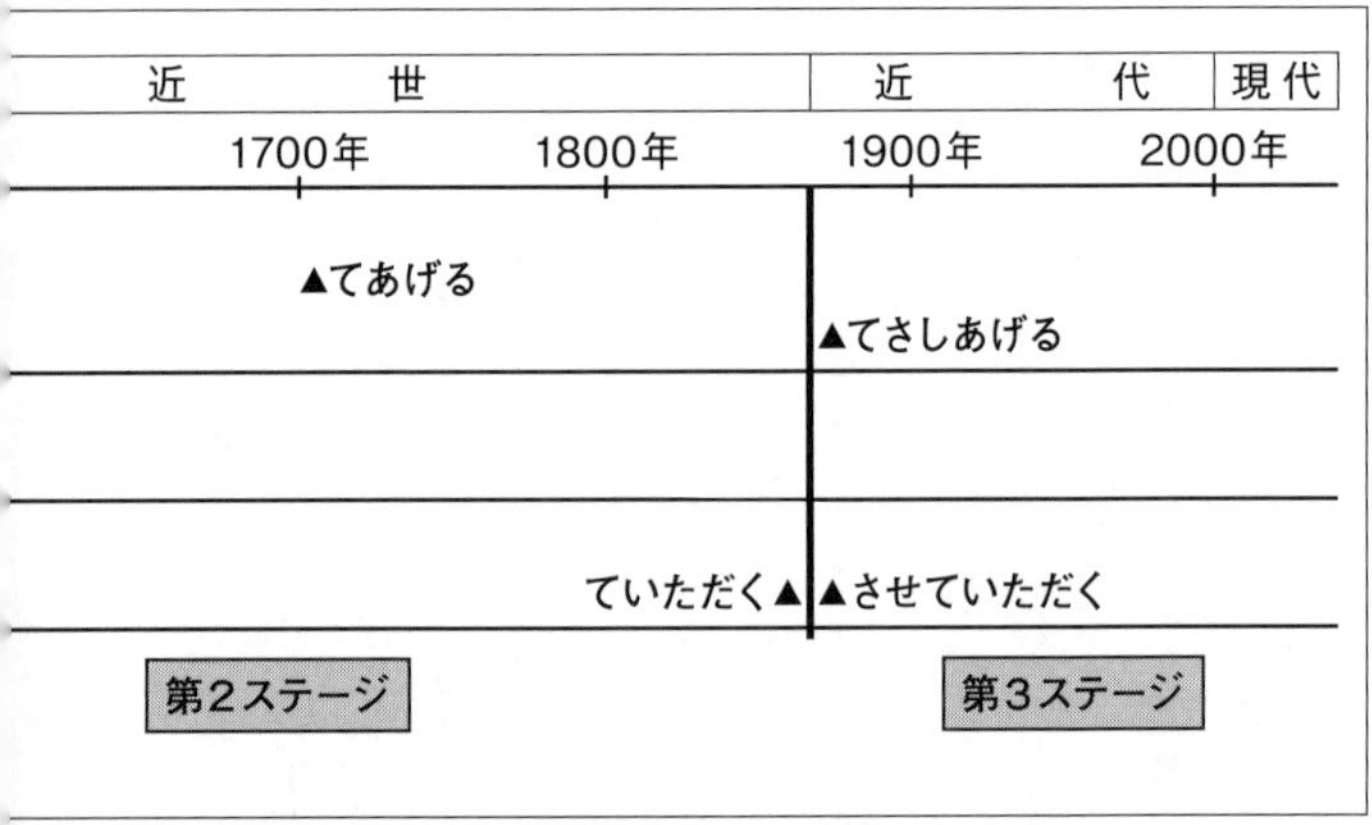

最初に「てくれる」が出現（相手主語なので言葉の上で相手に触れる＝近接化）

↓敬語形「てくださる」が出現（敬語なので遠隔化）

↓自分が主語の「てもらう」が出現（自分主語なので相手に触れない＝遠隔化）

↓敬語形「ていただく」が出現（敬語なので遠隔化）

↓「させていただく」が出現（自分主語なので敬意漸減が起こりにくい＝距離感保持）

↓「てさしあげる」が出現（自分が主語、遠心系＝尊大化＝使用減少）

↓敬意漸減しにくい話し手主語の「させていただく」が二〇世紀後半にブレイク

図3 授受動詞の補助動詞用法の出現年表

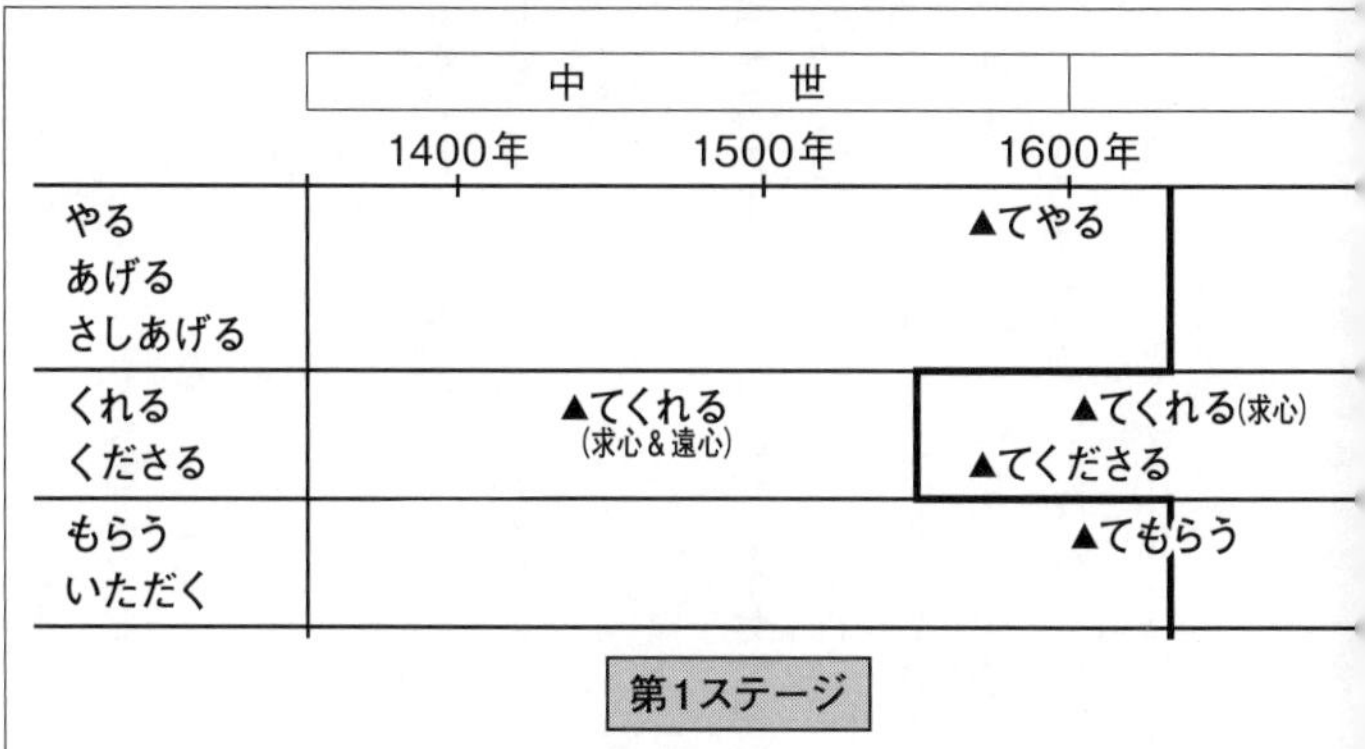

荻野(2007)、『日本国語大辞典』などを参考に作成

矢印で示した変化の背景には敬意漸減の法則が作用しており、言語変化を促しています。

それでは、授受動詞の補助動詞三系列を年表で見ていきましょう。[14]

この年表には、普通形と敬語形の補助動詞が系列ごとに示されています。最初に出現したのがクレル系、次にヤル系、最後にモラウ系が出現し、近世初期に三系列が揃います。

「させていただく」が出現するのは十九世紀の後半で、ヤル系の二つ目の敬語形「てさしあげる」と同時期なので、遅い感じがしますが、「ていただく」から二、三〇年後に出現しているので、その変化は必ずしも遅いわけではありません。このことは、今後の「させていただく」の変化を考える時のヒントになるかもしれません。

三系列七語はそれぞれのスピードで変化しています。ここでは、最初の補助動詞が出現してから現在までを三つに分けています。まず三つの「てやる・てくれる・てもらう」の三語彙が出揃って体系が成立する中世末までを第一ステージ、三語彙のすべてに敬語形ができて、普通形と敬語形が対になる江戸時代までの時期を第二ステージ、これらの補助動詞に急速に敬意漸減が起こる明治時代から今日までを第三ステージとします。

何百年もかかった言語変化の話なので、例文は表にまとめて示し、三つのステージでどんな言葉が出てきたのかを中心にお話しします。

第一ステージ（十五世紀～十七世紀初め）

最初に登場するのは「てくれる」です。当時「くれる」は求心と遠心の両方向のモノの移動を指しており、補助動詞も両方向で使われていました。そこに「てやる」が出てきて、もっぱら「一人称・遠心的」用法で使われるようになります。同じ機能を持つ言葉は二つもいらないので、「てくれる」の用法は「二人称・求心的」だけに制限されます。一種の職能分離です。そして中世末期から近世初頭にかけて、「てもらう」が「一人称・求心的」な願望を示す用法で出現し、三語彙体系が成立します。[15]

第一ステージが終わる頃、「てくれる」だけに敬語形「てくださる」が出てきますが、敬語形なので第二ステージで扱います。

図4-1 第一ステージの用例

ヤル系	「てやる」	**一人称・遠心的** ・夏ならはひやしすまひて、よひさかなにてのませてやらうか[16] （狂言『しみず』）
クレル系	「てくれる」	**一人称・遠心的／二人称・求心的** ・此処にて待ちつけて斬ってくればや[17]（『義経記』室町中期）**【遠心的】** ・天子をよく見てくれよそ[18]（『漢書列伝竺桃抄』一五世紀半ば）**【求心的】** **「てやる」の出現→二人称・求心的用法に限定化** ・如何にもして杣山《そまやま》の城へ入進《いれまゐら》せてくれよ（『太平記』一四世紀後半）
モラウ系	「てもらう」	**一人称・求心的** ・よさそうなお仏をつくってもらはふと存る （狂言『仏師』室町末～近世初頭）

第二ステージ（江戸時代）

第二ステージは江戸時代と重なる時期です。第二ステージでは、すでに敬語形のあったクレル系に加え、ヤル系とモラウ系にも敬語形ができて、三系列の敬語形が揃います。「てくださる」の後に「てもらう」が出現しますが、「てくださる」は主語が二人称で言葉の上で相手に触れるので近接化が起こります。その後、同じ事を一人称主語で表現できる「てもらう」が出現します。「てもらう」は「私」が主語で相手に触れないので、遠隔化効果があり敬意漸減が起こりにくいというメリットがあります。一九世紀中頃から末頃には、「ていただく」という敬語形ができて、三系列に敬語形が揃います。

このように考えると、求心的な補助動詞の出現順は偶然ではなく、徐々に距離感の大きい語句へとシフトしていることが見えてきます。普通形から敬語形へのシフト、二人称主語で「あなた」に触れるクレル系から一人称主語で「あなた」に触れないモラウ系へのシフト、どちらも遠隔化です。補助動詞体系には敬意漸減の法則が通奏低音のように常に作用しており、一つの語句の敬意がすり減って使いづらくなるたびに、より距離感のある形式が要請されて出現しています。

第三ステージ（明治時代〜現在）

第三ステージは、明治から現在にかけての約一五〇年間です。ヤル系の二つ目の敬語形「てさしあげる」とモラウ系の「させていただく」が出てきます。どちらも敬意が盛り盛りの補助動詞です。

図4-2 第二ステージの用例

ヤル系	「てあげる」	一人称・遠心的・敬語形 ・私上手で御座る。取って上げませう （歌舞伎『傾城富士見る里』一七〇一年）
クレル系	「てくださる」	二人称・求心的・敬語形 ・よう生きてゐて下さつて、父を拝む有がたや （浄瑠璃『国性爺合戦』一七一五年）
モラウ系	「ていただく」	一人称・求心的・敬語形 ・早く見て戴《いただい》たらよからう （滑稽本『七偏人』一八五七〜六三年）

実際に私が確認できた「させていただく」の初出は、一八七一年（明治四年）の三遊亭《さんゆうてい》圓朝《えんちょう》の落語『菊模様皿山奇談《きくもようさらやまきだん》』の例です。[19]

さて此の若江の家《うち》へ宗桂《そうけい》という極《ごく》感の悪い旅按摩《たびあんま》がまいりまして、私《わたくし》は中年で眼が潰《つぶ》れ、誠に難渋いたしますから、どうぞ、御当家様はお客さまが多いことゆえ、療治をさせて戴きたいと頼みますと、慈悲深《なさけぶか》い母だから、母「療治は下手だが、家《うち》にいたら追々得意も殖《ふ》えるだろう、清藏丹誠をしてやれ」

（強調は引用者）

「させていただく」は文学作品にごく普通に見られることから、「東京では明治・大正期に」使われていたのではないかと考えられています。

ヤル系は主語の話し手が与える側なので、敬意漸減のスピードが速いようです。一つ目の敬語「てあげる」は謙譲語ですが、敬意漸減が起こって「丁寧語」のように使われるようになります。「人参《にんじん》は細く切ってあげましょう」といった言い方になると、丁寧語でさえなく、上品に話すための美化語として使われています。二つ目の敬語形「てさしあげる」は、さらに敬意漸減のスピードが速く、話し手が尊大化して恩着せがましく聞こえるようになり、今ではあまり使われません。

敬意漸減が起こると、別の敬語を付け足して「敬意」のレベルを上げる必要が出てきます。結果として「敬意のインフレーション」が起こります。これは日本語における敬意漸減現象の宿命です。近代以降は「ていただく」出現の後、比較的短期間に「させていただ

図4-3 第三ステージの用例

ヤル系	モラウ系
「てさしあげる」	「させていただく」
一人称・遠心的・敬語形 ・わたしの力で出来るだけの事はして差し上げたいと思ひます。（宮嶋資夫『金』一九二六年）	一人称・求心的・敬語形 ・どうぞ、ご当家様はお客さまが多いことゆえ、療治をさせて戴きたいと頼みますと……（三遊亭圓朝『菊模様皿山奇談』一八七一年） 一人称・求心的・敬語形・勝手用法 ・[新郎の]Q君とは大学時代、えー、剣道部で四年間過ごさせていただきましたDでございます。[20]

く」が出てきて、使用が拡大しています。敬意漸減が加速しているのかもしれません。

敬意のインフレーションが起こる時

じつは、江戸時代から明治時代にかけて敬意のインフレーションが起こっています。一九世紀の中頃に「ていただく」が出てきて、一九世紀後半に「させていただく」が誕生します。この「させていただく」は、「させて」といって「許可」をもらい、「いただく」といって「恩恵」をもらうのですから、敬意がテンコ盛りの言葉です。

私がここでお話ししているのは、それから一〇〇年くらい経った二〇世紀末（一九九〇年代）にブレイクする「させていただく」のストーリーです。本来は、許可や恩恵をもらう「あなた」が関与しないと使えないはずなのに、もはや他者がいなくても使われるようになってきていることなども、例を見ながら解説していきます。

敬意のインフレーションが起こったのは、じつは江戸から明治になったときだけではありません。戦中から戦後になったときにも同様のことが起こっています。社会構造の変化が動因になっているのではないかと推測されます。

敬意のインフレーションが起こった時期は、どちらも身分社会が水平化された時期と言い換えることができます。身分制度がなくなって上下関係から解放されたとき、また都市化が進んで人々の匿名性が高まり、自分が対面している人がどんな出自の誰なのかがわからないとき、私たちは対面する相手をどのように遇すればよいのかわからなくなります。そういうとき、人々は相手に失礼のないように、そして自分がちゃんとした人間であることを示すために、寄る辺なく敬意にすがり、新しい表現方法として「させていただく」を見出《みいだ》したのではないかと考えたくなります。

「させていただく」という問題系

「させていただく」という言い方は、多くの人に広く使われています。もちろん違和感を覚えるとの意見も少なからずあるわけですから、その言い方を分解して分析するのは重要なことです。ただ、その表現が人々に好まれるようになった背景的要因は一つではなく、社会の変化、人々の意識の変化、そして日本語の敬語の変化、そういった様々な流れの集まった結節点のようなところに、「させていただく」の使用増加という現象が立ち現れていると考えられます。そういう意味で、ここでは「させていただく」の使用増加を「問題系」として捉《とら》えたいと思っています。

「問題系」は馴染みの薄い言葉かもしれませんが、「生態系」なら聞いたことがあると思います。生態系は特定の地域に生息するあらゆる動植物と、それを取り巻く環境のすべてを指しています。ここで使っている問題系とは、「させていただく」を取り巻く社会や文化、そして人間の様々な様相の絡みあった状況全体を指しています。このように複層的に捉えた時にはじめて「させていただく」の使用増大の全体像が見えてくるのではないかと考えたからです。

三つの問い

「させていただく」という問題系を解くために、次の三つの問いを立てます。

（1）人々はなぜ「させていただく」を便利だと感じるのか？
（2）人々はなぜ「させていただく」に違和感を覚えるのか？
（3）日本語の敬語の変化の中で、どのような流れがあったから、「させていただく」が好まれるに至ったのか？

（1）と（2）は現状への問いです。「させていただく」は今どのように人々に受け入れられているのかという現代の人々の言語感覚についてです。一方、（3）は歴史的な問いです。「させていただく」が現段階に至るまでの歴史言語学的な経緯、時代の流れの中でどのように変化してきたのかについてです。便利だと思うことと違和感を覚えることは、反対概念のように思えるかもしれませんが、「させていただく」に関しては必ずしもそうではありません。便利に、しかも頻繁に使われているのに違和感を感じる人が多いのは、広く普及しているのに、必ずしもみんなに好かれているわけではない、「させていただく」にはちょっと気の毒な現象ではないかと思います。

これらの問いに答えるために、二つの調査をしたのですが、調査結果の分析と考察については、続く二つの章で述べることにします。じつは結果が出るたびに、「オーー！」と叫びたくなるくらい面白い事実が見えてきました。しかし、本当に大事なのはその先です。ミクロの視点から見えたそれらの断片を、マクロの視点でどのようにつなぎ合わせて一つの絵に仕上げて解釈していくのか、そこがまさに研究の醍醐《だいご》味《み》です。そうした統合的な考察によってはじめて「『させていただく』は結局何なのか？」という大きな問いに答えられるのだと思います。

続く章では調査結果からわかった言語現象を社会やコミュニケーションの変化と結びつけて考えていきます。ぐるぐると思考を巡らせながら、「させていただく」の人気の秘密とその裏側を探ります。「させていただく」という問題系の謎解きの旅に出発します。その答えは、最終章にたどり着くまでに少しずつ見えてくるはずです。

第二章　注

1　椎名美智（二〇二一）『「させていただく」の語用論―人はなぜ使いたくなるのか―』ひつじ書房。
2　飯間浩明（二〇一九）「日本語探偵」『文藝春秋』二〇一九年一月号、三六四頁。
3　飯間浩明（二〇一九）同前。
4　インターネット情報によると、敬語講師の山岸弘子さんが数年前にＮＨＫの「視点・論点」で取り上げたとあります。
5　文化庁　文化審議会答申　二〇〇七年『敬語の指針』は以下のＵＲＬを参照してください。https://www.bunka.go.jp/seisaku/bunkashingikai/kokugo/hokoku/pdf/keigo_tosin.pdf
6　滝浦真人（二〇二二年刊行予定）「なぜ今敬語は『5分類』になったのか？――日本人の敬語

意識に起こっていること——」近藤泰弘、澤田淳（共編）『敬語の文法と語用論』開拓社、図3を引用しています。

7　「料理の鉄人」というテレビ番組で、料理記者の故岸朝子さんが試食の際に使っていた表現で一時ブームになりました。

8　蒲谷宏（二〇一五）『敬語だけじゃない敬語表現—心づかいと思いやりを伝える「丁寧さ」—』大修館書店。

9　補助動詞として使われている授受動詞を指す「ベネファクティブ」という専門用語があります。ここでは使いませんが、「させていただく」関連の記事で見かけることもあるかもしれないので、紹介しておきます。

10　「答えさせていただきます」の構造としては、「答える」＋（「させる」＋「いただく」＝「させていただく」）と考えることもできるし、（「答える」＋「させる」＝「答えさせる」）＋「いただく」と考えることもできます。

11　Leech, Geoffrey (1983) *Principles of Pragmatics*, London: Longman. 宮地裕（一九八一）「敬語史論」森岡健二・宮地裕・寺村秀夫・川端美明（共編）『講座日本語学9　敬語史』一－二五頁、明治書院。

12　江湖山恒明（一九四三）『敬語法』一三八－一五二頁、三省堂。

13　椎名美智・滝浦真人（二〇二二）「薄幸のベネファクティブ『てさしあげる』のストーリー——敬意漸減と敬意のナルシシズム——」田中廣明・秦かおり・吉田悦子・山口征孝（共編）『動

的語用論の構築へ向けて』第三巻、二〇四－二四〇頁、開拓社。

14 滝浦真人（二〇一八）『ベネファクティブとポライトネス研究集会』第一回大会（二〇一八年三月三日、法政大学）での口上。

15 荻野千砂子（二〇〇七）は「授受動詞の視点の成立」『日本語の研究』三（三）、一－一六頁、日本語学会において、これを「視点の制限」と捉えて論じています。

16 狂言『しみず』、宮地裕（一九七五）「受給表現補助動詞『やる・くれる・もらう』発達の意味について」『鈴木知太郎博士古稀記念国文学論攷』八〇三－八一七頁、桜楓社、引用は八一一頁からです。

17 『義経記』巻2：96、森勇太（二〇一六）『発話行為から見た日本語授受表現の歴史的研究』ひつじ書房、引用は七六頁からです。

18 宮地裕（一九七五）「受給表現補助動詞『やる・くれる・もらう』発達の意味について」『鈴木知太郎博士古稀記念国文学論攷』八〇三－八一七頁、桜楓社、引用は八一二頁からです。

19 松本修（二〇〇八）「東京における『させていただく』」『國文學』九二、三五五－三六七頁、関西大学国文学会、引用は三五九頁からです。

20 井口裕子（一九九五）「謙譲表現『～（さ）せていただく』について」―結婚披露宴における使用例を中心に―」『國學院雜誌』九六（一一）、五四－六六頁、引用は五九頁からです。

第三章　違和感の正体——七〇〇人の意識調査

言語学の様々なアプローチ

この章では、人々が「させていただく」に違和感を持つ理由を探ります。でもちょっとその前に、下調べをします。研究者たちがこれまで歩んだ道をたどり、何がどこまでわかったのか、何がまだわかっていないのかを見極めてから、先に進みたいからです。

言語学にも様々な領域があります。外部から見ると、言語学の内側はみんな同じに見えるかもしれませんが、中の人にはまるで違った景色が見えているのです。同じ事象を扱っていても、領域ごとにアプローチや理論的枠組みが異なるからです。

第二章で、「させていただく」を様々な問題が交わる結節点に位置する「問題系」として捉《とら》えたいと言いました。どういう筋が交差して問題系を作り出しているのかを見極めるのは、腑《ふ》分《わ》けのような作業です。自分の専門領域だけでなく、他の多領域の文献を読めばヒントが得られるのではないかと考えました。そこで、今回は領域を限定せず、また「させていただく」だけに限らず、授受動詞や補助動詞を論じた文献を幅広く読んでいくことにしました。「させていただく」をはじめとした授受動詞の研究はたくさんありますので、興味深いポイントだけ押えておきたいと思います。

古典語から継承された用法

一見不思議な用法でも、古典語の研究を読むと、現代語になぜその用法があるのかがわかることがあります。合理的な説明ができない現代日本語の例外的な用法に、古典語からの意味や機能が残存していることがあるからです。例えば、迷惑な行為を補助動詞で示す変則的な用法は、意外に古くから使われていることがわかります。念頭にあるのは、「言うこと聞いてくれないなら、グレてやる」「そんないい加減なことを言ってもらっては困ります」などといった、迷惑なことを述べるために補助動詞が使われている例です。古典語における授受動詞の意味や用法の変遷や、やりもらいの方向性の変化などを知ると、これらは現代日本語になって新たに使われるようになった特殊な用法ではなく、昔からの意味が連綿と継承されてきた結果として、現在の用法に繋《つな》がっていることがわかります。そのあたりの経緯は、『日本国語大辞典』の解説欄に簡潔に書かれています。

敬語の「乱れ」は変化の兆し

社会言語学的な敬語研究には、「させていただく」の使用増大を捉える考え方がたくさんあります。特に「敬語の民主化」「敬語の成人後採用」といった概念は重要です。[1]

戦後の日本社会は、人の上下関係を重視する縦社会から、人々の繋がりを重視する横社会へと変わりました。社会が変わると人間関係も変わります。それに伴って、使われる敬語も変わってきました。「敬語の民主化」とは、縦の関係を重視する敬語から、横の繋がりを重視する敬語へと変化していることを巧みに捉えた言葉です。

また、人は社会に出てから敬語を学ぶものだとする「敬語の成人後採用」は、若年層がうまく敬語を使えないのは敬語の乱れではなく、身についていないだけだと捉えています。

ここで、第二章で概観した敬語の五分類をちょっと振り返ってみましょう。そこでは尊敬語、謙譲語、丁寧語というこれまでの敬語に、丁重語、美化語という新しい敬語が加わったことを見ました。

尊敬語や謙譲語は、動作主である相手、自分の行為が向かう相手に敬意を向けるタイプの敬語です。また、丁寧語はコミュニケーションにおいて聞き手であるあなたに対して丁寧に話をしようとしています。これらは、他者に敬意を向ける敬語です。

一方、丁重語は自分の行為を丁寧に述べることによって自分の丁寧さを示す敬語で、結果として、間接的に敬意が相手に向いていきます。同じように、美化語も特定の人に敬意を向けるものではなく、述べる事柄を丁寧に言う敬語です。このように考えると、丁重語と美化語は、自分を丁寧に見せることで敬語意識を示す敬語と見ることができます。

用法が変化している「させていただく」の使用状況を観察するには、敬語全体の時代的変化も関連づける必要があると思います。第五章で調査結果を総括する際に考察していきますが、私たちの敬語使用が動作主や動作の向かう相手に対して敬意を示す従来の伝統的な敬語から、コミュニケーションの相手、つまり聞き手を意識して、自分が丁寧に話していることを示すタイプの敬語へと傾いてきているのではないかということです。

元々語用論と社会言語学は相補的な関係にあります。基本的な違いは、人間を集団として見るか個人として見るかという視点、あるいは視野のサイズにあります。人間を集団として見た時の行動のパターンや変化を見るのが社会言語学です。一方、人間を個人として捉え、その意図の反映として言葉の使い方を見るのが語用論です。

その結果、観察するタイムスパンも異なってきます。社会言語学はどちらかというと長いタイムスパンで言語を状態としてスタティック（静的）に捉えますが、語用論は比較的短いタイムスパンで刻々と変わるコミュニケーションを流動体としてダイナミック（動的）に観察します。二つを組み合わせた「社会語用論」という領域もあります。私が目指しているのは、じつはこの二領域の「いいとこ取り」をした社会語用論的アプローチです。

レビューした先行研究と予備調査を総合的に判断したところ、調査方法としては質問紙調査とコーパス調査が有効だという結論に至りました。調査結果を分析するにはそれぞれ調査結果に合った統計処理が必要なことや理論的枠組みとしてはポライトネス理論、特に敬語使用を「距離のストラテジー」と捉える考え方が有効に使えることもわかりました。

距離感と関係性のポライトネス理論

ポライトネスは、一言でいうと、相手と自分の距離感や関係性に焦点を当てる概念です。「ポライトネス理論」というと、ブラウン&レヴィンソンの「ポライトネス理論」がよく知られています。[2] ポライトネスは「丁寧さ」と訳されることもあります。敬語の分類に「丁寧語」がありますが、それとは異なる概念です。混乱を避けるため、社会学や言語学では「ポライトネス」とカタカナ表記にして、日常で普通に使われている「丁寧」という言葉とは少し意味の異なる専門用語として使っています。ポライトネスは特にコミュニケーションにおける対人関係や対人距離、人々が感じる距離感に関する事柄を指します。

ブラウン&レヴィンソンのポライトネス理論の要《かなめ》にあるのが「フェイス」という概念です。フェイスは、元々は社会学者のゴフマンが中国語の「面子《メンツ》」をヒントに構築した概念で、[3]対人関係において誰もが持っている、「他の人からこう見られたい」と思う自己イメージです。日本語でも「俺の顔を潰《つぶ》さないでくれ」などと言うときに、「顔」という言葉を類似した意味合いで使うことがあるので、ここでは専門用語であることが意識できるように「フェイス」とカタカナ表記にします。

二つのフェイス

ブラウン&レヴィンソンの理論では、人は二つのフェイスへの欲求を持っていると考えています。ネガティブ・フェイスとポジティブ・フェイスです。簡単に定義しておきます。[4]

ネガティブ・フェイス　他者に邪魔されたくない・踏み込まれたくない欲求
ポジティブ・フェイス　他者に受け入れられたい・よく思われたい欲求

ネガティブ・フェイスは「自己決定の欲求」、ポジティブ・フェイスは「他者評価の欲求」と言い換えられます。[5]これらの欲求は具体的にどのように現れるのでしょうか。

それほど親しくない人からタメ語で話しかけられると、馴《な》れ馴《な》れしいと感じます。この印象は、自分がその人との間に保ちたいと思う距離感を侵害されたという感覚から出たものです。また、友達から自分の好きな人のことを「あんな人とは別れた方がいい」と言われて「あなたからそんなことを言われる覚えはない」と思ったときに侵害されているのが、ネガティブ・フェイスです。一定の距離感を保持したい、自分の行動は自分で決めたい、他人に干渉されたくないという欲求です。

反対に、自分が親しいと思っている友達から敬語を使った丁寧な物言いをされると、水臭いと感じます。いつも一緒に遊びに行く友達が、誕生パーティーに自分だけ呼んでくれなかった時に感じる切なさは、仲良くしたい欲求が満たされないことによるものです。ディズニーランド帰りの若い女性グループが、おそろいのキーホルダーをバッグに下げているのは「仲良し印」なので、ポジティブ・フェイスの現れです。

自分が相手に対して想定している距離感、つまり近づきたいとか距離をとりたいといった感覚がフェイスです。二つのフェイスを保持したい欲求は距離感と言い換えられます。人が欲する距離感を損なわない場合をポライトというわけです。相手との関係、状況、トピックによって、私たちはその場その場でポライトネスの度合いを決めています。

ポジティブ・フェイスを満たすものがポジティブ・ポライトネス、ネガティブ・フェイスを満たすものがネガティブ・ポライトネスです。それぞれのポライトネスを満たす方策をストラテジーと呼びます。例えるならば、対人距離を縮めようとするポジティブ・ポライトネスがアクセルで、距離を詰めないように保持しようとするネガティブ・ポライトネスがブレーキのようなものです。私たちは、このアクセルとブレーキを使い分けて、対人距離を調整しているのです。遠すぎると思ったらちょっとアクセルを踏んで近づき、近づきすぎたと思ったらブレーキを踏んで近づかないようにしています。適切な対人距離でない場合、私たちは「馴れ馴れしい」とか「水臭い」といった違和感を持つわけです。

ポスト・モダンのポライトネス

ブラウン&レヴィンソンのフェイスの概念は、どちらかというと話し手側に注目したものでした。しかし、今のポライトネス研究では、ポスト・モダンと呼ばれる新しい観点から理論が見直されています。特定の語彙《ごい》や言語表現そのものが内在的・固定的にポライトだったりインポライトだったりするとか、発信者の意図によるものだとは考えません。むしろ言語を人間関係の距離感を調整する「距離のストラテジー」と捉える方が今の時代に合っています。ポライトかどうかは人間関係や文脈が合わさって生み出される効果で、その結果として受け手側に感じられるものだという考え方が主流になってきています。

最近ハラスメントが社会問題になっています。セクハラ、アカハラ、モラハラ等、数えきれません。争点になっているのは、加害者とされている側にそうした意図があったのか、そして被害者とされている側はどう感じていたかです。ほとんどの場合、両者の認識は食い違っています。だからこそハラスメントになっているわけです。報道を見ると、加害者とされる側は大抵「同意していた。傷つけるつもりはなかった」と言っています。

特定の事例を取り上げるつもりはありませんが、ポスト・モダンのポライトネスの考え方では、被害者とされる側が「ハラスメントを受けた、傷つけられた」と感じたのであれば、その時点でハラスメントと認定されてもよいはずです。少なくとも、今の語用論の考え方はそのような方向に変わってきています。ただ、リアルな世の中では、そのあたりはちょっと微妙で、必ずしも受け手の側に真理があるとは単純に認定しないようです。

日本社会での認識は、まだ受け手側の認識を尊重するところまでには至っておらず、どちらかというと話し手側の意図を重視しているような気がします。簡単にはいかないでしょうが、少しずつでよいので、聞き手側の受け取り方も、話し手側と同程度に尊重する世界基準に近づく方向に変わってきてほしいと切に願っています。

三つの問いと調査方法

さて、先行研究でこれまで何がなされてきたのかがわかったので、前章で立てた三つの問いに本格的に取り組むことにします。問いは次の三つでした。

（1）人々はなぜ「させていただく」を便利だと感じるのか？
（2）人々はなぜ「させていただく」に違和感を覚えるのか？
（3）日本語の敬語の変化の中で、どのような流れがあったから、「させていただく」が好まれるに至ったのか？

これらの問いに答える調査をするためには、まずこれらの問いを、言語学的な問いに変換する必要があります。そのままでは調査には使えないからです。

では、どのような問いに変換すればいいのでしょうか？

「人々はなぜ『させていただく』を便利だと感じるのか？」という「なぜ」を訊《き》く問いは、人々が「させていただく」を便利だと感じていることを前提としています。まずその前提自体を問う必要があります。

便利だと感じているのかどうかは、どのくらい使われているのか、つまり使用頻度に反映していると考えられます。ということは、データを分析して使用頻度を見ればよいわけです。ただし、使用頻度の大小や特徴は、見たい事象だけを見ていても判断できません。必ず比較する参照データが必要です。「させていただく」の場合は、類似した表現と比較することが必要になります。

その上で、どのように使われているのか、つまり「させていただく」の前後にどんな単語や表現がきているのかを観察し、その多様性や頻度を見ればよいのではないでしょうか。頻度や多様性が高ければ便利に使われているということだし、様々な変化形が展開していれば、応用が利く、つまり便利に使われているということになるからです。よって、これはデータを詳細に分析すれば、答えにたどり着けると考えました。

「させていただく」への違和感について答えるためには、人々の意識調査をする必要があります。様々な例文を並べて、それらに対する受容度を尋ねればわかるのではないかと考えました。そこで、違和感を調べるアンケート調査をすることにしました。ここで大事なのは、どんな例文を選んで提示するのかです。

「日本語の敬語の変化の中で、どのような流れがあったから、『させていただく』が好まれるに至ったのか？」という第三の問いは、言語史的な問いです。過去と現在の使用状況を比較すれば、使用動向や選好傾向がわかるだろうと想定しました。また、その過程で（1）の問いの答えも導かれるのではないかと考えました。つまり、言語は使いにくかったり、使えなくなったりした時に、より使いやすく便利な表現へと変わっていくからです。そこが（1）の問いへのヒントになるということです。

まとめると、（1）と（3）の問いについては、過去と現在のデータにおける補助動詞体系（やりもらいを示す授受動詞が、他の動詞の後ろについて助動詞のように使われる用法）の使用実態調査を実施すればわかります。また、（1）と（2）の問いについては意識調査を実施すればわかります。データ分析と意識調査、これで調査方針は決まりました。

違和感を左右する三つの要素

ここからは、（2）の問いに答えるために実施した意識調査の結果を見ていきましょう。

「させていただく」はそれ自体一〇〇年以上前から使われている言い方なので、適切な言い方や用法がたくさんあります。その一方で、「この度、〇〇さんと入籍させていただきました」とか、「今年、○△大学を卒業させていただきました」などのように、誰も許可を与えていないのに使うのは変だと違和感を持つ人がいることが予測される用法も、実際にはよく使われています。そこで、そうした用例を様々に取り混ぜて、人々にどれくらい違和感があるかを問う「容認度調査」を実施しました。

本来「させていただく」はどういう意味を持っているのでしょうか？　文化庁の『敬語の指針』[6]には、「させていただく」の適切な使用条件は、自分側の行為を（1）相手側や第三者の許可を受けて行うこと、（2）そのことで恩恵を受ける事実や気持ちがあること、と記されています。つまり「許可」と「恩恵」が重要だということです。

「させていただく」に対する違和感をどのように調べたのかを、「契約内容を説明させていただきます」を使って説明します。「説明させていただきます」は「説明する」「させる」「いただく」という三つの部品が連結の「て」で繋《つな》がれています。まず、これらの語句の意味の本質を抽出し、どれがどの程度違和感に影響を与えているのかを調べました。「説明する」行為は相手がいないと成立しませんが、「卒業する」は相手がいなくても成立する行為です。そこで、このように「させていただく」の前にくる動詞において、相手の存在や役割が必須《ひっす》の要素かどうかを「必須性」としました。「させる」は使役の助動詞です。「させていただく」の場合は、許可使役の意味を持つので「使役性」とし、「いただく」は恩恵を受けるという事実や気持ちを表すので「恩恵性」としました。「必須性」「使役性」「恩恵性」と、三つの要素が抽出できました。意識調査では、実際に使われている例の中から、これらの三つの要素が様々に組み合わさったものを一〇個選びました。

「させていただく」はよく使われているのに、違和感がある人も少なくありません。話している人は違和感がないのに、聞き手には違和感があるということです。そこで、違和感に影響を与える要素として「話し手」と「聞き手」というコミュニケーション上の役割を取り上げることにしました。また、年齢と性別も見ておきたい要素です。なお、年齢については、答えやすいように一〇歳ごとに尋ねることにしました。関東と関西の地域差については、関西出身の人が少なすぎて、残念ながら要素として取り上げられませんでした。

実験参加者の属性

実験参加者の属性として、「性別」「年齢層」「話し手／聞き手」を取り上げました。

違和感のレベルは、①全くない／②あまりない／③どちらとも言えない／④ややある／⑤とてもある、の5段階で尋ねました。違和感があるかどうかを「はい・いいえ」の二択で尋ねるよりも、人々の違和感の度合いを細かく捉えることができるからです。また、回答は中央に寄る傾向があるので、少しでも答えがバラけるように3段階ではなく5段階にしました。

取り上げた要素を、図5－1にまとめておきます。

調査に使った「させていただく」文

使った例文は、実際に使われていた収集例から、言語内的要因「必須性」「使役性」「恩恵性」の組み合わせの違うものを選びました。状況は細かく設定していました。「聞き手」としての違和感を尋ねる質問を一例だけ全文載せておきます。残りの例文は章末の「付録」に載せてあるので、興味のある方はご覧ください。

受講票が必要な文化人の講演会会場の入り口で、係員の人から「受講票を確認させていただきます」と言われました。この言葉遣いに違和感がありますか？　違和感の度合いをお答えください。

①全くない　②あまりない　③どちらとも言えない

図5-1 調査で注目した要素

言語内的要因	
使役性	許可をもらって行う行為か？
恩恵性H	その行為は聞き手にとって恩恵性があるか？
恩恵性S	その行為は話し手にとって恩恵性があるか？
必須性	その行為の成立に聞き手の存在・関与は必須か？
回答者属性要因	
性別	男性／女性
年齢層	若年層（10-20代） 中年層（30-50代） 高年層（60代以上）
話し手／聞き手	コミュニケーションの役割による違和感

図5-2 調査参加者（有効回答数）の内訳

実施時期	2016年12月15日～12月27日				
性別	男性			317名	686名
	女性			369名	
年齢層	若年層	10代	134名	432名	686名
		20代	298名		
	中年層	30代	25名	148名	
		40代	53名		
		50代	70名		
	高年層	60代	71名	106名	
		70代	33名		
		80代	2名		

④ややある　⑤とてもある

調査に参加してもらった有効回答者は、図5－2に示す約七〇〇人です。結果は、IBM社のSPSS（ver. 24）に含まれた統計ソフトで多変量解析をしました。その結果、どの要素がどの程度、違和感に効果を及ぼしているのかがわかりました。図6－1は「回帰木」または「決定木」と呼ばれるものです。違和感に効果のある要素が、影響の大きい順に、上から示されています。効果がない要素は決定木には現れません。

最大の要因は「聞き手の存在」

決定木からは、次の五つのことがわかりました。

（1）違和感に最も強い効果を及ぼすのは「必須性」→聞き手の役割や存在が関係していると違和感は小さい

（2）二番目に強い効果を及ぼすのは「使役性」→相手から許可された行為だと違和感は小さい

（3－1）三番目に強い効果を及ぼすのは「年齢層」→若年層・中年層・高年層によ

って違和感の差がある（ただし、違和感の大きさは年齢順とは限らない）

（3－2）三番目に強い効果を及ぼすのは「話し手／聞き手」→対話者役割によって違和感に差がある

（4）「恩恵性（話し手／聞き手）」は有意な効果を及ぼさない→話し手や聞き手に恩恵があるかどうかは違和感には関係ない

（5）「性別」は有意な効果を及ぼしていない→男女差は違和感には関係ない

「恩恵性」は関係なかった

意識調査をして一番良かったのは、これまで研究者の洞察に基づいて漠然としか論じられてこなかったことが、数値を示しながら明確な根拠に基づいて論じることができるようになったことです。では、こうした調査結果はどのように解釈できるのでしょうか？

まず、「させていただく」への違和感は、前接動詞の示す事柄において、「聞き手」が必須の参与者かどうかに影響を受けることがわかりました。「必須性」は、話し手が聞き手の存在を意識しているかどうかという「聞き手意識」、「あなた認知」です。つまり、「させていただく」は「あなた認知」の動詞と一緒に使われると、違和感が小さいのです。

決定木

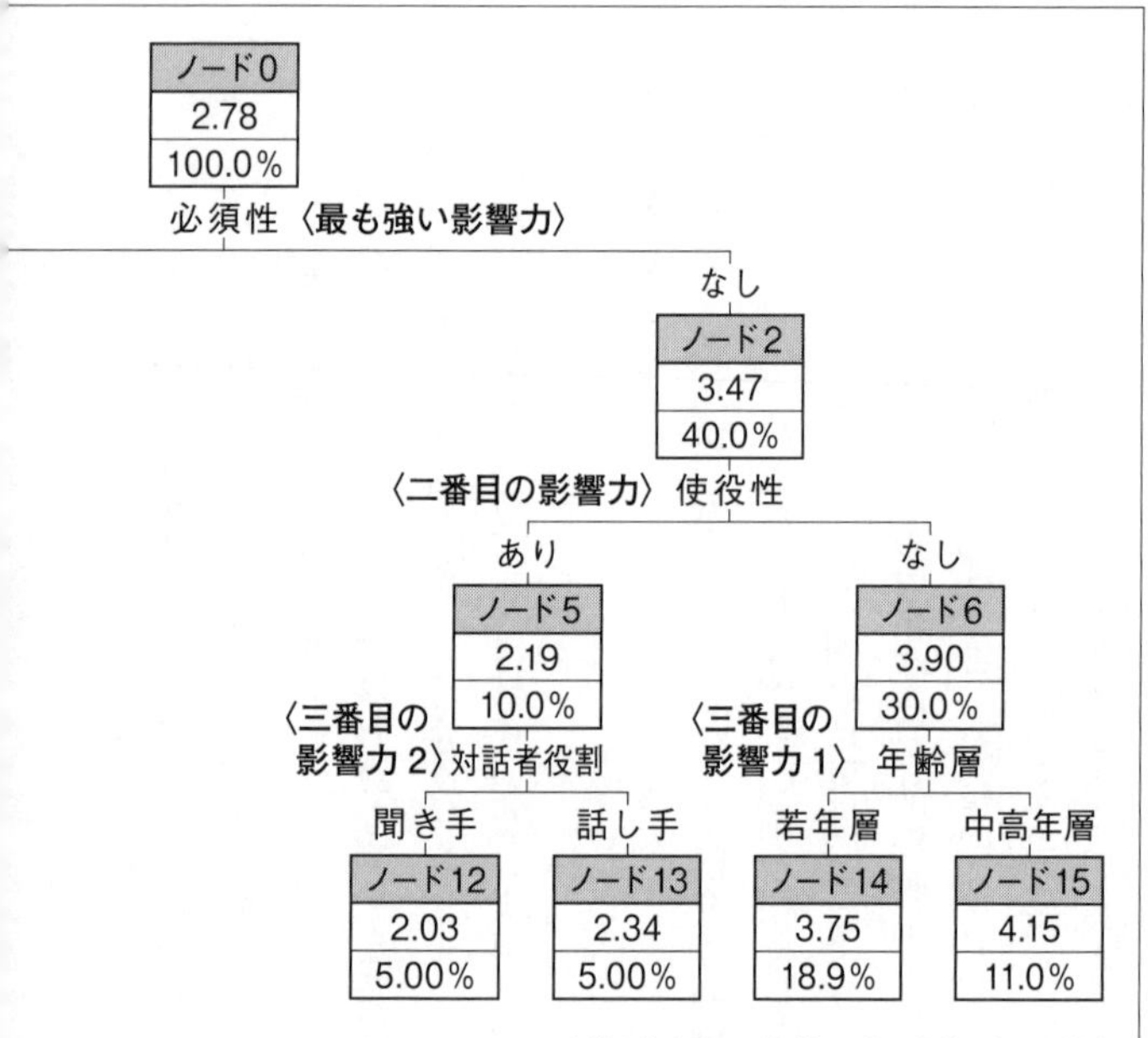

上段は違和感の平均値、下段は全体に占める割合

第二に、「させていただく」が本来持っていたはずの「使役性」や「恩恵性」の意味合いが薄れてきていることがわかりました。これまでの研究では、「使役性」と「恩恵性」は「させていただく」の意味の要だと考えられてきましたが、この調査では、「恩恵性」の有無は違和感に有意な影響を与えていないことが明らかになりました。これまでの定説を覆す、関係者一同（私と指導教授）がアッ

図6-1 「させていただく」への違和感に影響を与える諸要因の

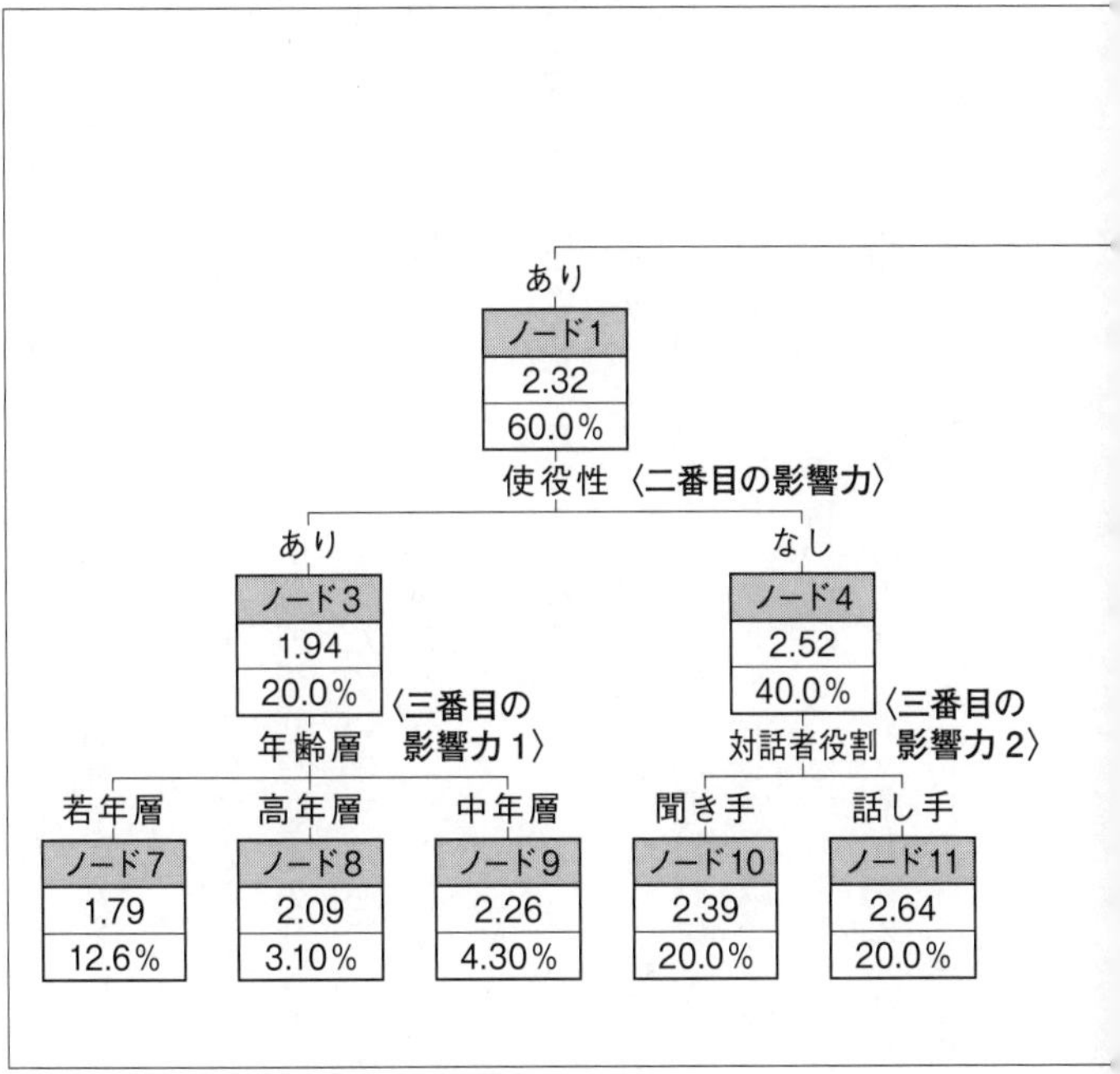

と驚く結果でした。このことは、恩恵の位置づけが変化しており、この表現においては話し手が「もらう」だけのものになっている可能性をも示唆しているように思われました。正確にいうと、研究者たちがこれまで薄々気づきながらも、明確に捉えきれていなかったことが、統計的に証明できたということです。このことについては、本書の最後で考察するときに、再度考えたいと思います。

また「使役性」の影響力は二番目、つまりみんなが「許可」を求める目的で「させていただく」を使用しているというわけではありませんでした。「いただく」の持っていた恩恵の意味はいまやほとんど空っぽなのですから、「させていただく」は「させて」と「いただく」の連語ではなく、ワンフレーズとして認識されるようになってきているということです。言語学ではこのように単語の語彙的意味が希薄化し、もっぱら文法的な機能を負う語句になることを「文法化」と呼んでいます。逆に、文法化で元々の意味が希薄になったからこそ、様々な動詞と一緒に使われるようになったと考えることもできます。

ワンフレーズになった「させていただく」

ワンフレーズになった「させていただく」はどのような機能を持っているのでしょうか？　ポライトネスの観点から「必須性」が違和感に影響を与える重要な要素であったことを考えてみましょう。先ほど、フェイスという概念を使って、私たちは人と近づきたい欲求と距離をとりたい欲求を持っており、自分の想定している距離感が守られないと居心地が悪いことを説明しました。つまり、ポライトネスは対人距離と言い換えることができます。この距離感を使って、「させていただく」への違和感について考えてみましょう。

日本語の場合、距離感を考えるときに重要な要素が二つあります。「主語は誰か？」と「普通体か敬語体か？」です。主語が「あなた」だと言葉の上で相手に触れてしまうので距離感は小さくなり、主語が「私」だと相手に触れないので距離感は大きくなります。また、普通体だと距離感は小さく、敬語体だと距離感は大きくなります。

「させていただく」は敬語で、主語は「私」なので言語的に「あなた」に触れないので、二重に遠隔化が作用する距離感の大きい補助動詞なのです。また、「させていただく」の違和感には、「あなた」の関与を示す「必須性」が重要な要素でした。「あなた」の存在が必須な動詞と一緒に使われると違和感は小さく、「あなた」の存在が必須ではない動詞と一緒に使われると違和感は大きいという結果が出ていました。つまり、違和感の小さい「させていただく」は、動詞の部分に聞き手意識、あるいは「あなた認知」の要素があったということです。これは、近接化意識と言い換えることができます。

「させていただく」自体はとても距離感のある言葉なのですが、実際に使う時には、前にくる動詞における「必須性」、つまりあなたの存在や関与が重要な要素になっているので、いわば「遠近両方の効果を持つ用法」へと変化してきていると考えられます。少なくともこの調査からは、そういう変化の過程にあることが垣間見《かいまみ》えました。

「させていただく」は、敬語の種類としては謙譲語と分類されています。謙譲語は行為が向かう相手に敬意が向けられる敬語です。しかし、「恩恵性」が認識されず、「使役性」も薄らいでいるのですから、敬意は相手に向けられているとは言えなくなっています。むしろ、自分の丁寧さを示すようになっていると言えるでしょう。つまり、謙譲語というよりも、丁重語になりつつあると考えられます。ただ、実際に使う時には、前にくる動詞の近接化効果も含むので、「新・丁重語」と呼ぶのがふさわしいかもしれません。

丁重語も敬語である以上、基本的な機能は遠隔化です。しかし、「させていただく」の場合は、敬意を向ける相手から、丁寧な自分へと焦点がシフトしてきたのが新しい点です。また「あなた認知」の動詞と一緒に使われると違和感が小さいので、遠近両方の距離感を備えるようになってきているといえそうです。それに加え、使っている人は「恩恵性」を意識していないのに、なお「させていただく」を使っているわけですから、「新・受恩表現」とでも呼ぶのがふさわしいかもしれません。あなたへの意識があり、あなたとの横の関係を重視していることに変わりはないからです。

そうなると、今の「させていただく」に残っている「恩恵性」は、昔からの「恩」とか「恩義」ではなく、これまでとは違う「私からあなたへの意識」なのではないかと考えた

図6-2 年齢層による違和感

必須性	使役性	違和感の大きさ
−	−	若年層＜中年層・高年層
＋	＋	若年層＜高年層＜中年層

「＋」はその要素の「あり」、「−」は「なし」を示す。

くなります。つまり、「いただく」の恩恵性の意味がなくなっているのなら、「させていただく」に含まれるあなたへの意識も限りなく薄まっているはずなのに、わざわざ「させていただく」を選んで使っているというのは、どういうことなのでしょうか？　この問いは、「させていただく」の使用拡大の謎を解く鍵《かぎ》となりそうなので、すべての調査が終わってから考察することにします。

世代差はあるが年齢順ではない

調査からは、世代間に感覚のズレがあることがわかりました。

図６−２の上段が示すのは、「○△大学を卒業させていただきました」のような「必須性」も「使役性」もない、敬語の解説書でよく「誤用」とされている用例です。そうした用例への違和感は「若年＜中・高年層」と二分されました。だいたい年齢順です。一方、下段は「受講票を確認させていただきます」のような「必須性」と「使役性」が揃った、いわゆる「正用」とされる用例です。そうした用法に

対する違和感は、「若年層＜高年層＜中年層」と、年齢順ではありませんでした。この結果はちょっと不思議です。

　正しい用例への違和感が年齢順でなかったのは、なぜなのでしょうか？　これは社会言語学的には「敬語の成人後採用」、つまり敬語は成人後に社会に出てから身につけるものという考え方で説明することができる現象です。[7] 中年層はバリバリの現役世代ですから、最も言葉遣いに敏感な世代です。比較的適切だと思われる「させていただく」用法に対する厳しい評価は、そうした現役世代の高い言語意識の現れではないでしょうか。

　一方、若年層の違和感はいずれの場合も最小でした。この若年層の違和感の小ささは、時代と共に違和感が低下していく「言語の時代的変化」と読み替えることができます。これは社会言語学でよく使われる世代差を時代差と読み替える手法です。そのように読み替えると、「させていただく」は時代の流れの中で元来の意味を失って、幅広い動詞と一緒に使用できる補助動詞へと変化していると見ることができます。その結果、相手の存在を必要としない動詞と一緒に使われる方向へと変化してきているわけです。また、どんな動詞とでも一緒に使えるようになったという使用制限の緩和が使用拡大に拍車をかけ、そのために敬意漸減《ぜんげん》が進む相乗効果もあるかもしれません。

話し手が持つ違和感

意識調査では、自分が「話し手」の場合と「聞き手」の場合の違和感も調べています。「ここでの飲食は禁止させていただいております」や「カードの発行を見送らせていただきます」のように、聞き手が関わる行為なのに使役性のない表現や、「会議室を使わせていただきます」のように、聞き手がそれほど関わらないのに使役性のある表現は、必須性と使役性の有無が一致していません。こういう例文への違和感は、「話し手」の方が「聞き手」よりも大きいという結果が出ました。そのことについて考えてみましょう。

特に、例文における「飲食禁止」や「カード発行の見送り」は、相手の意に反することを合意なしに遂行することを宣言するわけですから、言語的にも内容的にも話し手には言いにくいので、違和感が大きくなっていると考えられます。一方、「会議室の使用」は聞き手に無関係の行為を話し手が一言断っておこうといった状況なので、「飲食禁止」よりも違和感は小さくなっています。話し手の違和感が聞き手よりも高くなっていたのは、実質的な意味がないのに言わなくてはいけない状況だからでしょう。一方、聞き手は、会議室を譲った意識があり「言われて当然」と思って違和感が低いのかもしれません。

意図通りに受け取られるとは限らない

「させていただく」を使う話し手側と、それを聞く側の違和感が異なっているとは、どういうことでしょうか？　じつは、「お（ご）」のついた美化語の調査でも、同様の言語感覚の相違が指摘されています。話し手は聞き手への配慮を示すために美化語を使っているのに、聞き手はそうとは受け取らず、話し手が上品な話し方をしていると解釈するようです。[8]

朝の情報番組で男性アナウンサーが、「お花」「お肉」と言っている場面を想像してください。聞き取り調査によると、アナウンサー側は、視聴者に女性が多いことをふまえて、聞き手への配慮を示すために「お花」「お肉」などの美化語を使ったようです。ところが視聴者側は、アナウンサーが自分たちに配慮しているとは解釈せず、このアナウンサーは「上品そうに話している」「丁寧に話そうとしている」といった認識で聞いていました。つまり、話し手の意向と聞き手の解釈は必ずしも一致するわけではないようです。

「させていただく」の場合も、話し手は相手への配慮を込めているつもりでも、聞き手は話し手が上品に話していると話し手の品性を感じたり、話し手に対して距離感を感じたりするように、話し手の意図と聞き手の解釈は必ずしも一致しているわけではありません。

敬語に限らず、一般的にコミュニケーションにおいては、言葉は話し手の意図した通りには伝わらないものです。聞き手にどう解釈されるのかを意識して言葉を使わないと、誤解が生じると教えてくれる結果です。

「させていただく」の絶妙な距離感

ここでは、あなた認知の動詞と共に使われている「させていただく」について考えてみましょう。こうした文には、遠隔化と近接化という両方の作用が備わっています。じつはこの遠近両方の距離感は、話し手側にも聞き手側にもメリットがあります。話し手は相手に近づくと同時に遠ざかるのですから、近づきすぎて相手への敬意がすり減ることもなければ、遠ざかりすぎて自分が尊大化することを避けることもできます。つまり、敬意漸減がうまく回避できるのです。

「させていただく」を使うと、話し手と聞き手は近づきすぎず遠ざかりすぎず、絶妙の距離感を保ってコミュニケーションができるのです。このつかず離れずの距離感は、現代社会に暮らす私たちが心地よいと感じる他者との関係性や距離感にぴったり合っています。もしかしたら、これが「させていただく」の人気の秘密かもしれません。

「させていただく」の現代日本語における浸透度を「させてくださる」と比較してみましょう。「させていただく」の「いただく」が実質的な意味を失い、文法化しているのに対し、よく使われる形である「させてください」の「ください」の部分は、まだ実質的意味を失っていません。「ください」の部分は敬意漸減のために、依頼や要請というよりも、ほとんど命令のような意味合いで使われているからです。

このように、相手に直接向いた依頼や命令の意味が保持されているために、「させてください」はどんな動詞とでも一緒に使えるまでには至っていないのではないかと思われます。これは、制限なくあらゆる動詞と一緒に使われるようになった「させていただく」と大きく異なる点です。つまり、語気の強弱によって使い易さの度合いが異なるということです。いうまでもなく、強制的なニュアンスが小さい方が使いやすいのです。そして、それが「させていただく」だったというわけです。

第三章では、なぜ「させていただく」に違和感を覚えるのか、その原因を探ることによって、違和感の正体を探りました。つづく第四章では、「させていただく」をめぐる歴史的変化を探っていきます。

付録　調査に使った例文と解説

この章では、調査結果のエッセンスを述べました。ちょっと抽象的な議論だったので、ここではもっと具体的に、どんな例文に対して回答者がどのくらいの違和感があると答えたのか、数値を示しながら、なぜそういう値が出たのかを考えます。

質問紙を使った意識調査では、次の一〇個の「させていただく」文についての違和感を聞きました。違和感の大きさは次の五段階で答えることになっていました。

①全くない　②あまりない　③どちらとも言えない　④ややある　⑤とてもある

調査では、例文をランダムに並べて違和感を尋ねましたが、ここではわかりやすいように、違和感の小さい順に並べておきます。

（1）では、ご契約内容について説明させていただきます。

(2)受講票を確認させていただきます。
(3)お言葉に甘えて、会議室を使わせていただきます。
(4)微力ながら応援させていただきます。
(5)セール期間中ですので、全品5%の値引きをさせていただきます。
(6)ここでの飲食は禁止させていただいております。
(7)誠に申し訳ございませんが、今回はカードの発行を見送らせていただきます。
(8)素晴らしい演技に感動させていただきました。
(9)このたび、○△大学を卒業させていただきました。
(10)エッセイコンテストで受賞させていただきました。

例文は、「必須性」「使役性」「恩恵性」の三つの要素の組み合わせを考えて選びましたが、多変量解析では「恩恵性」が違和感に有意な差を与える要素ではありませんでした。そのため「必須性」と「使役性」の有無を組み合わせた、四つの場合分けになりました。七〇〇人の平均値も示しておきます。

図6-3「させていただく」のマトリックス

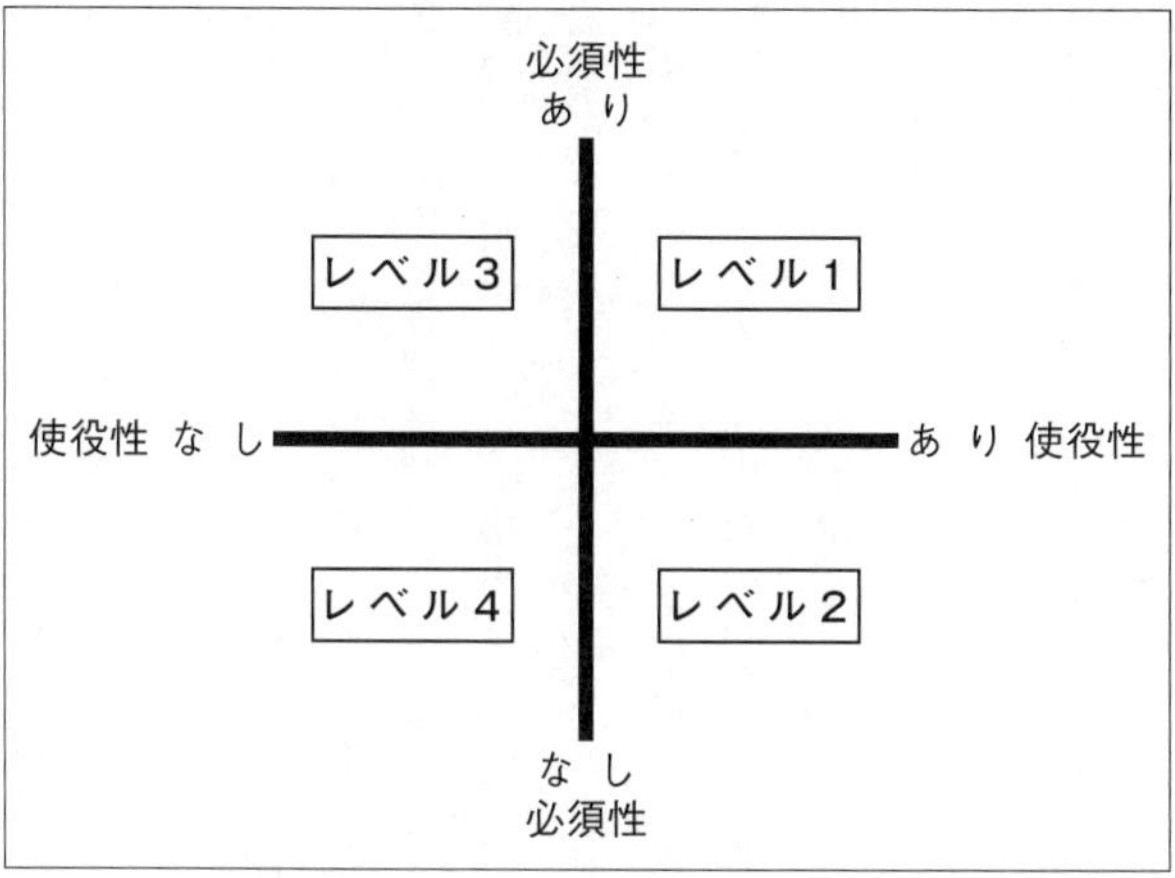

まず数値について説明します。この調査は五段階評価なので、中央値は3です。したがって、値が3よりも小さければ違和感は小さく、3よりも大きければ違和感は大きいということになります。

すべての例文の違和感の平均値は約2・8なので、全体的な違和感は小さい、つまり受容度は高いという結果が出ました。しかし、この点については補足しておくことがあります。じつは、本調査の参加者の内訳を見ると、若年層がやや多いのです。そのため、平均値が若い人たちの低い数値に寄って、平均値が低めに出たと考えられます。したがって、ここでの数値は全体的に低めに出ていると考えてください。なお、各レベルの例文数が均等でないのは、「必須性」が影響要因でなかったために、本来八つの場合分け（2の3乗）をしていたのが、四つ（2の2乗）に減ったためです。

レベル1　違和感1・94　【必須性＋】【使役性＋】

（1）では、ご契約内容について説明させていただきます。

（2）受講票を確認させていただきます。

【解説】「説明する」「確認する」行為は、相手の存在や関与が必要で、なおかつ相手の許可がないと実行できないので、「させていただく」との親和性が最も高く、違和感は低い値が出ています。しかし、年齢層によって、違和感に有意差がありました。若年層が低く、次に高年層が高く、最も違和感が高かったのは現役世代の中年層でした。若年層と中年層の違和感には、約0・5の差がありました。5が最大の数値なので、これは大きな差です。

レベル2　違和感2・19　【必須性−】【使役性＋】

（3）お言葉に甘えて、会議室を使わせていただきます。

【解説】「会議室を使う」行為自体に「あなた」の関与はありませんが、譲ってもらった会議室が使えるようになったので、「あなた」の許可「使役性」はあります。違和感がレベル1より大きいのは、当該行為に「あなた」の関与がないからだと考えられます。ここでは、話し手の方が聞き手よりも約0・3高い違和感が出ました。聞き手側には「譲った」という思いがあるので、違和感が低いのでしょう。つまり、聞き手は「させていただく」が使われるのは当然と思っているわけです。

レベル3　違和感2・52【必須性＋】【使役性－】

（4）微力ながら応援させていただきます。
（5）セール期間中ですので、全品5％の値引きをさせていただきます。
（6）ここでの飲食は禁止させていただいております。
（7）誠に申し訳ございませんが、今回はカードの発行を見送らせていただきます。

【解説】「応援する」「値引きする」「飲食を禁止する」「発行を見送る」行為には、相手の存在や関与が必要です。しかし、ここでは聞き手の許可なしに話し手が一方的に行為を宣言しているので、レベル1や2の例文よりも違和感が高くなっています。ここでは話し手の方が聞き手よりも約0・5高い違和感の値が出ていました。

レベル4　違和感3・90　［必須性ー］［使役性ー］

(8) 素晴らしい演技に感動させていただきました。
(9) このたび、○△大学を卒業させていただきました。
(10) エッセイコンテストで受賞させていただきました。

【解説】「感動する」「卒業する」「受賞する」行為には、聞き手の関与は全くないし、聞き手の許可がなくても可能な行為です。話し手が自分の意思でできる行為なので、この一〇個の例文の中では、最も高い違和感になっています。したがって、これらの動詞は「させていただく」との親和性が最も低いわけです。ここでも年齢層による違和感の差が出ていました。しかしレベル1の場合とは異なり、ここでは若年層が最も低く、次は、中高年層が一グループとして約0・4高い値になっていました。

違和感の最高値は、あまり適切ではない例文に対する中・高年層の違和感の4・15ポイント、最低値は適切な使用に対する若者の違和感の1・79で、2・36の差がありました。５が最高値なので、これはかなり大きい差です。

第三章　注

1　井上史雄（編）（二〇一七）『敬語は変わる―大規模調査からわかる百年の動き―』大修館書店、「敬語の民主化」は一四一頁から引用しました。「成人後採用」については、井上史雄（二〇一七）『新・敬語論―なぜ「乱れる」のか』ＮＨＫ出版の第六章「敬語の成人後採用」を参考にしました。

2　Brown, Penelope and Stephen C. Levinson（1987）*Politeness: Some Universals in Language Usage.* Cambridge: Cambridge University Press.［邦訳：ペネロピ・ブラウン、スティーヴン・C・レヴィンソン著、田中典子監訳（二〇一一）『ポライトネス―言語使用における、ある普遍現象』研究社］

3　Goffman, Erving（1967）*Interaction Ritual: Essays on Face-to-Face Behavior,* New York: Anchor Books.［邦訳：アーヴィング・ゴッフマン著、浅野敏夫訳（二〇〇二）『儀礼としての相互行為〈新訳版〉：対面行動の社会学』叢書・ウニベルシタス一九八、法政大学出版局］

4　滝浦真人（二〇〇八）『ポライトネス入門』研究社、参照したのは一七頁です。

5　滝浦真人（二〇〇八）同前、参照したのは一七頁です。

6 文化庁（二〇〇七）文化審議会答申『敬語の指針』
https://www.bunka.go.jp/seisaku/bunkashingikai/kokugo/hokoku/pdf/keigo_tosin.pdf
7 井上史雄（二〇一五）「敬語の成人後採用―岡崎敬語調査の『川の字』変化―」『国語研プロジェクトレビュー』五（三）、九八–一〇七頁。
8 滝島雅子（二〇一九）「美化語の使用意識と受け止め意識～放送における美化語の意識調査から～」『ベネファクティブとポライトネス研究集会』第一回大会（二〇一九年三月一一日、法政大学）

第四章　拡がる守備範囲——新旧コーパス比較調査

昔の言葉と比較する

ここでは、「させていただく」がブームと言われるほど広く使われるようになったのはなぜか、その歴史的な背景を探ります。その前に、ここまで私たちがどんな謎解きをしてきたのか、ちょっと振り返っておきます。私たちの三つの問いは以下のようなものでした。

（1）人々はなぜ「させていただく」を便利だと感じるのか？
（2）人々はなぜ「させていただく」に違和感を覚えるのか？
（3）日本語の敬語の変化の中で、どのような流れがあったから、「させていただく」が好まれるに至ったのか？

この章に関連した問いは（1）と（3）です。「なぜ便利だと感じるのか？」という問いですが、私たちは便利なものはよく使うはずだし、便利でないものは使わないはずなので、便利さはその使用頻度に反映されていると考えられます。また、「させていただく」が好まれるようになった歴史的背景を探るためには、少し大きな視点から日本語の敬語の変化を眺めればわかるのではないかと思います。

ここでは「させていただく」とその類似表現が、過去と現在のテキストの中で、どのように、どんな頻度で使われているのかを調査していきます。また、「させていただく」だけでなく、その前後にくる表現についても、その形と頻度を調べます。

『青空文庫』と『現代日本語書き言葉均衡コーパス』

過去のデータとしては『青空文庫』、現在のデータとしては国立国語研究所が構築した『現代日本語書き言葉均衡コーパス（BCCWJ）』を使います。

「コーパス」とは、電子テキストをたくさん集めたデータセットのことです。

『青空文庫』は、インターネット上に無料で公開された電子図書館です。主として、著者の没後五〇年（二〇一八年からは七〇年）が経過して著作権の切れた、近現代の文学テキストが集められています。研究のために作られたものではありませんが、著者、書かれた時代とジャンルが特定できて特徴が摑《つか》みやすいので、言語研究によく使われています。なんといっても電子テキストになっているので、コンピュータで処理ができるところが最大のメリットです。ここでは『青空文庫』をAコーパスと呼ぶことにします。

現代のデータとして選んだ、国立国語研究所が作った『現代日本語書き言葉均衡コーパス』は、書籍、雑誌、新聞など様々なメディア、ジャンルにわたる一七万件に及ぶテキストを集めた一億四三〇万語のデータです。ここでは、Aコーパスのテキストとジャンルを揃えて、ほぼ同じ語数の部分コーパスを作って調べることにしました。ここでは、その部分コーパスをBコーパスと呼ぶことにします。

Aコーパスに集められたテキストは、一八五二年から一九五六年までの約一〇〇年間に日本語使用者であった著者によって書かれたものです。一方、Bコーパスは一九七六年から二〇〇五年までの三〇年間のテキストを収録したものです。Aコーパスの方が対象にした時間的スパンが長いのですが、時代的に重ならないので、Bコーパスとの時代的な比較は可能だと判断しました。「させていただく」がブレイクする前の用例を集めるには、多くのテキストを検索する必要があるという事情もあります。

コーパス調査では、注目したいコーパスの特徴を見る時に、必ずもう一つ「参照コーパス」と呼ばれるコーパスで同じ項目を調査します。ある特定のものの特徴は、それだけを見ていてもわからないので、基準となるコーパスと比較するわけです。ここでは同様なジャンルで時代の異なるコーパスを比較すれば、時代差による言語使用の変化の様相が見えるのではないかと考えました。

使用頻度と前後を調べる

コーパス調査で参照コーパスが必要なように、「させていただく」の特徴を探るためには比較対象が必要です。そこで、このコーパス調査では授受動詞の補助動詞体系の中で、自分の方に向かう求心的な意味の四つの補助動詞を調べることにしました。その四つとは、クレル系の「させてくれる」とその敬語形の「させてくださる」、モラウ系の「させてもらう」とその敬語形の「させていただく」です。主語は誰か、敬語形かどうかという点は異なりますが、意味的にはほぼ同じことを表現することができます。

これらの四つの補助動詞について、次の三つの事柄を調査することにしました。

（1）それぞれの使用頻度
（2）補助動詞の前にくる動詞（前接動詞）
（3）補助動詞の後ろの形（後接部）

まず（1）の頻度調査では、「させていただく」が何回使われているのかを数えました。

（2）の一緒に使われている動詞については、語彙《ごい》と種類の頻度を調べました。なお、ここでは補助動詞の前にくる本動詞を「前接動詞」、後ろにくる部分を「後接部」と呼びます。

距離感が二極化している

調査結果は図7－1の通りです。Aコーパスは古い時代のテキスト群、Bコーパスは新しい時代のテキスト群なので、AコーパスとBコーパスの差は、古い時代から新しい時代への時代的な変化と解釈することができます。また、それぞれの項目の頻度の大小は、実数の大小を比べるのではなく、統計にかけて有意差があるかどうかを調べました。ここで使ったのはカイ二乗検定と残差分析です。

統計のポイントを概説します。統計では、分布に有意差があることを証明するために、まず証明したいことと反対の「分布に有意な差はない」、つまり「偶然の結果である」という仮説（帰無仮説）をたてて、それを否定することによって、偶然とは考えられないことを証明します。かいつまんでいうと、同じカウントを一〇〇回行ったとして、値のその程度の分布が偶然得られる回数が五回未満だったり一回未満だったりする場合に、「有意

図7-1 2つのコーパスにおける4つの補助動詞の使用頻度

		Aコーパス	Bコーパス
クレル系	させてくれる	1,062▼	3,328▲
	させてくださる	585▲	874▼
モラウ系	させてもらう	940	2,597
	させていただく	535▼	2,190▲

$\chi^2(3) = 217.061$, $p < .01$, Cramer's V = 0.134、1％水準で有意差あり。
表中の▲は1％水準で有意に多い、▼は1％水準で有意に少ない、無表示は有意差がないことを示す。ここでは統計処理にはインターネット上に無料公開されているJs-STAR version 8.9.8.2j（β版）を使った。
（http://www.kisnet.or.jp/nappa/software/star/freq/chisq_ixj.htm）

差」があると見るわけです。それを「誤差5％水準・1％水準で有意」のように言います。それをp値で示します。このpはprobability（確率）の略です。

またここでは、残差分析を使って、有意に多いのか少ないのかも見ています。残差とは、そのケースでの期待値と実際の観測値の差のことで、調整済み標準化残差という値を用いることで、そのずれが特に大きく有意差を生む原因となった観測値が特定できます。

それに加え、ここではCramer's Vという効果量も出しています。これは観測値の分布がどのくらいの差を含んでいるか、変数間にどのくらい強い関係があるかを0から1・0までの数値で示したものです。数値が1に近い方が、統計結果の信頼性が高いことを意味します。

統計処理をした結果、次の四つのことがわかりました。

①「させていただく」はBコーパスで有意に多い→「させていただく」は使用が増加
②「させてくださる」はBコーパスで有意に少ない→「させてくださる」は使用が減少
③「させてくれる」はBコーパスで有意に多い→「させてくれる」は使用が増加
④「させてもらう」には有意な差が認められない→「させてもらう」の使用は変化なし

統計では二つのコーパスのどちらかが「有意に多い」とか「有意に少ない」という答えしか出てきませんが、AコーパスとBコーパスには時代の差があるので、Bコーパスにおいて「有意に多い」「有意に少ない」という結果が出た場合は、時代の流れの中で有意に増えた、有意に減ったと解釈できます。

この四つの結果からは、「させてくれる」と「させていただく」の使用が時代的に増加しており、「させてくださる」の使用が時代的に減少してきており、「させてもらう」は使用に変化がないことがわかりました。

もし、「させてもらう」と「させていただく」が両方とも有意に増加していたら、語彙《ごい》がクレル系からモラウ系にシフトしたと言えるのですが、出てきた結果はそうではありませんでした。敬語形ではモラウ系が増加、非敬語形ではクレル系が増加という具合に、敬

図7-2　4つの補助動詞の距離感

		相手との距離		計	距離感
		主語	敬語形		
クレル系	くれる	−	−	−−	近接化
	くださる	−	＋	−＋	
モラウ系	もらう	＋	−		
	いただく	＋	＋	＋＋	遠隔化

「＋」は距離が遠いことを、「−」は距離が近いことを示す。

語と非敬語で増減の系列が異なっていたので、「させていただく」ブームは、距離感を示す敬語形にだけ起こっている特異なポライトネス現象だと言い換えることができます。

さて、クレル系は普通形へと傾斜し、モラウ系は敬語形へと傾斜しているという変化は、どのように解釈できるのでしょうか？　そこで、四つの補助動詞について、「主語は誰か？」「敬語形か普通形か？」という二つの観点から、それらが生み出す距離感を考えることにします。四つの補助動詞の距離感は、図7－2のように示すことができます（なお、主語には三人称も考えられますが、ここでは一人称と二人称だけで考えています）。

ここで調べた四つの形にはすべて「させて」がついているので、「させて」を除いた形だけを比べます。「くれる」は、主語が「あなた」で言葉の上で「あなた」に触れるので、近接化が起こります。また普通形で距離感が近いので、更なる近接化が起こり、二重の近接化効果を持ちます。一方、「いただく」の主語は「私」で相手に触れないので、遠隔化が起こります。しかも敬語形なので更なる遠隔化が起こり、二重の遠隔化効果を持ちます。

この距離感を先ほどの頻度調査の結果と考え合わせると、補助動詞の使用は最も近接化効果のある「させてくれる」と最も遠隔化効果のある「させていただく」に二極化してきていることになります。相手との距離感が近い、または近接的な物言いがしたかったら「させてくれる」を使い、相手との距離感が遠い、または距離感を出したかったら「させていただく」を使うという二択になっているのです。

大学生約八〇人に小規模な調査をしたところ、この「くれる」「いただく」の二択現象は、補助動詞だけでなく本動詞にも起こっていました。関係性が近ければ「くれる」を、関係性が遠ければ「いただく」を使う傾向がありました。微妙な距離感を持つ「くださる」「もらう」はあまり使われていませんでした。もはや大学生の使用語彙ではなくなってきているのかもしれません。

第三章の意識調査では、「させていただく」の前に、相手の役割や存在を意識する動詞がくると違和感が小さいという結果が出ていました。そのことを、ここでの結果と考え合わせると、「あなた」と関連する動詞だと近接化が起こるので、四つの中では最も遠隔化作用のある「させていただく」を使って、近づきすぎないように距離を調整しているのかもしれません。この点については、第五章でまた考えてみたいと思います。

「させていただく」は便利になってきている

さて、四つの補助動詞は、どんな動詞と一緒に使われているのでしょうか？　まず、何種類の動詞と一緒に使われているのかを、国語辞典に載っている「見出し語」の形で調べました。動詞は様々に活用しますが、辞書で調べるときの見出し語が同じであれば、一つの語彙としてカウントします。

補助動詞がどんな種類の本動詞と一緒に使われているのか、その特徴を見るためには、個々の語彙を見ていく方法とカテゴリーごとにも見ていく方法があります。そこで、コーパス調査から生まれた英語の文法書『ロングマン・グラマー』[1]を参考に、動詞を次の七つのカテゴリーに分類しました。

（1）人に働きかける動詞（例：お世話する、お供する）

（2）モノに働きかける動詞（例：掃除する、飾る）
（3）能動的コミュニケーション動詞（例：話す、質問する）
（4）目的語が明示されていない動詞（例：する、やる）
（5）経験動詞（例：考える、見る、聞く）
（6）運動・移動を示す動詞（例：歩く、立つ）
（7）存在・関係を示す動詞（例：いる、住む、含む）

図7－3で前接動詞の種類を見ると、敬語形だけに有意差がありました。二つのコーパスの差を過去から現在への時代変化と捉《とら》えると、「させていただく」は一緒に使われる動詞の種類が増えていますが、「させてくださる」は動詞の種類が減っています。色々な動詞と一緒に使えるようになってきているのは、応用性が高まっていることを示しています。先ほどの頻度調査の結果と合わせると、「させていただく」だけが頻度と前接動詞の種類が有意に増えています。それだけ使用の量と質が共に上がっていると解釈できます。換言すると「させていただく」は便利に使えるようになってきているということです。

実際には、すべての調査を四つの補助動詞で行いましたが、詳しい結果は『「させてい

図7-3　4つの補助動詞の前につく動詞の種類

		Aコーパス	Bコーパス
クレル系	させてくれる	253	549
	させてくださる	160▲	291▼
モラウ系	させてもらう	246	574
	させていただく	220▼	645▲

$\chi^2(3) = 15.959$, $p < .01$, Cramer's V = 0.074、1％水準で有意差あり。
残差分析の結果、表中の▲は1％水準で有意に多い、▼は1％水準で有意に少ない、無表示は有意差がないことを示す。

ただく」の語用論』に譲り、ここでは「させていただく」だけに注目して、結果を報告します。

使用頻度が減った動詞

補助動詞はどんな動詞と一緒に使われているのか、具体的に見てみましょう。

ここでは、比較的高い頻度で一緒に使われているものを見るために、上から50％までに入る動詞に注目します。Aコーパスでは二一の動詞、Bコーパスでは五三の動詞が使われていました。要するに、昔は限られた動詞だけが高頻度に一緒に使われていたのに、今は幅広い動詞が低頻度に使われるようになってきているということです。

どのような分布になっているのか、示されている頻度が多いのか少ないのかは、（　）内に示された％を見ると、大体の様子がわかります。例えば、「見る」という動詞は、どちらのコーパスでも使用頻度が一位です。しかし、それが占める割合を見ると、Aコーパスでは約14％、Bコーパスでは約5％です。これでは、同じ一位でも、意味合いが異なります。Aコーパスでは一定の動詞が比較的頻度高く、Bコーパスでは様々な動詞が比較的低頻度で使われているということです。

図7－4にはスペースの関係で、両コーパスとも二一位までしか示されていませんが、上から50％までに入っている動詞を見ると、次のような特徴がわかりました。

（1）両コーパスで高頻度に「させていただく」と一緒に使われている動詞
・経験動詞（例：見る、聞く、読む）
・能動的コミュニケーション動詞（例：述べる、書く、話す）
・人に働きかける動詞（例：手伝う）
・目的語が明示されていない動詞（例：やる）

（2）時代の中で高頻度には使われなくなった動詞
・人に働きかける動詞（例：お伴する、会う、お邪魔する）
・移動動詞（例：失礼する、伺う、参る、立ち寄る）

図7-4「させていただく」との使用頻度が高い動詞

	Aコーパス	
	前接動詞	頻度(%)
1	見る	73(13.6%)
2	聞く	31(5.8%)
3	休む	21(3.9%)
4	拝見する	19(3.6%)
5	お伴する	16(3.0%)
6	失礼する	13(2.4%)
	伺う	
8	会う	8(1.5%)
	拝借する	
10	お目にかかる	7(1.3%)
	寄る	
	そうする	
	お邪魔する	
14	やる	6(1.1%)
	手伝う	
16	立ち寄る	5(0.9%)
	述べる	
	書く	
	考える	
	話す	
	読む	

	Bコーパス	
	前接動詞	頻度(%)
1	見る	119(5.4%)
2	聞く	59(2.9%)
3	紹介する	52(2.4%)
	お話しする	
5	使う	49(2.2%)
6	読む	47(2.1%)
7	参加する	37(1.7%)
8	～に代える	34(1.6%)
	書く	
10	言う	32(1.5%)
11	お休みする	29(1.3%)
	勉強する	
13	する	28(1.3%)
14	引用する	25(1.1%)
	拝見する	
16	やる	24(1.1%)
17	報告する	23(1.0%)
18	参考にする	21(1.0%)
19	作る	20(0.9%)
	説明する	
21	述べる	19(0.9%)
	送る	

・経験動詞（例：拝借する、考える）

（3）新しく高頻度に使われるようになった動詞

・経験動詞（例：使う、参加する、勉強する、楽しむ）

・モノに働きかける動詞（例：作る、送る、撮る・取る）

・能動的コミュニケーション動詞（例：言う、報告する、説明する）

・移動動詞（例：行く、帰る）

・人に働きかける動詞（例：紹介する、お付き合いする）

・目的語が明示されていない動詞（例：する）

（3）の新しく一緒に使われるようになった動詞に、多くの動詞がリストアップされていることから、「させていただく」と一緒に使われる動詞の種類が拡大している実態が見えます。（2）には「お〜する」「伺う」「拝借する」などの謙譲語が多くあがっています。「させていただく」は謙譲語を作る語句なので、二重敬語を避けるために使われなくなったのかもしれません。また、「人に働きかける動詞」が有意に減り、「能動的コミュニケーション動詞」が有意に増えています。

図7-5「させていただく」の前接動詞の種類

	Aコーパス		Bコーパス	
人に働きかける動詞	23△	10.7%	36▽	5.7%
モノに働きかける動詞	28	13.0%	78	12.2%
能動的コミュニケーション動詞	25▼	11.6%	123▲	19.3%
目的語が明示されていない動詞	15	6.9%	70	11.0%
経験動詞	74	34.3%	202	31.7%
運動・移動動詞	53	24.5%	128	20.1%

$\chi^2(5) = 15.8381$, $p < .01$, Cramer's V = 0.136、1％水準で有意差あり。
残差分析の結果、表中の▲は1％水準で有意に多い、▼は1％水準で有意に少ない、△は5％水準で有意に多い、▽は5％水準で有意に少ない、無表示は有意差がないことを示す。

「述べる」「話す」動詞が増えている

次に、Bコーパスで敬語形「させていただく」「させてくださる」だけを比べます。

図7－6で「させていただく」を「させてくださる」と比べると、「人に働きかける動詞」と「運動・移動動詞」が有意に少なく、「能動的コミュニケーション動詞」が有意に多いことがわかります。

これら二つの表から、「させていただく」は昔の使用状況と比べても、今の「させてくださる」のそれと比べても、「人に働きかける動詞」から「能動的コミュニケーション動詞」と一緒に使われる方向へとシフトしていることがわかります。

ここで注目しておきたいことがあります。それは、統計の結果と実数の意味の違いです。図7－4から7

－6までの三つの表を見ると、実数では「させていただく」と一緒に使われる動詞は「見る」「聞く」「読む」といった受動的コミュニケーション動詞と呼びたくなる「経験動詞」が、「述べる」「話す」などの「能動的コミュニケーション動詞」よりも高い頻度で使われています。ですから、頻度だけを見ると、「させていただく」はこうした受動的なコミュニケーション動詞と一緒に使われていることが多いことになります。

しかし、統計にかけると、能動的コミュニケーション動詞の種類が有意に多く、増加しているという数値が出てきます。統計では、実数の大小ではなく全体の中での傾向や変化の様子、数値の持つ意味を見ています。現に、図7－4には、新規に共起するようになった動詞として、たくさんの「能動的コミュニケーション動詞」があがっています。

これらの結果を統合すると、「させていただく」は、昔から能動的であれ受動的であれ、コミュニケーションに関わる動詞と一緒に使われることが多く、最近は一緒に使われる「能動的なコミュニケーション動詞」の種類が増えてきているということです。

元首相の街頭演説「お訴えさせていただきます」

少し前の話ですが、銀座《ぎんざ》を歩いていたら「お訴えさせていただきます」と大声が聞こえ

図7-6 Bコーパスにおける「させていただく」と「させてくださる」の前接動詞

	「させてくださる」		「させていただく」	
人に働きかける動詞	20△	6.8%	23▽	3.6%
モノに働きかける動詞	34	11.6%	70	10.9%
能動的コミュニケーション動詞	32▼	11.0%	117▲	18.1%
目的語が明示されていない動詞	21	7.2%	52	8.1%
経験動詞	108	37.0%	274	42.5%
運動・移動動詞	72▲	24.7%	103▼	16.0%
存在・関係動詞	5	1.7%	6	0.9%

$\chi^2(6) = 22.208$, $p < .01$, Cramer's V = 0.154、1％水準で有意差あり。
残差分析の結果、表中の▲は1％水準で有意に多い、▼は1％水準で有意に少ない、△は5％水準で有意に多い、▽は5％水準で有意に少ない、無表示は有意差がないことを示す。

てきました。どうやら政治家が街頭演説をしているようです。ちょっと不思議な言い方だと思いました。「訴える」は、強い意志を持って自分の意見を主張することなので、相手の許可をもらうという意味の「させていただきます」と一緒に使われると違和感があります。耳を澄ますと、時の首相、鳩山由紀夫《はとやまゆきお》さんの街頭演説でした。

力強く、しかし謙虚に主張したいという、相反する目的を叶《かな》えるための表現手段として「訴える」と「させていただく」が使われているのだろうと推測しましたが、当時はまだ「お訴えさせていただきます」というフレーズはそれほど使われていませんでした。

ここで実施したコーパス調査では、「させていただく」は歴史的にも現状でも、多くの種類の

「能動的コミュニケーション動詞」と一緒に使われるようになってきているという結果が出ています。「訴える」は能動的コミュニケーション動詞なので、今では違和感は小さくなっているかもしれません。現に、政治家が使っているのを最近よく耳にします。

政治家は「させていただく」をよく使うのか

「政治家は『させていただく』をよく使うと言われているが、本当かどうか調べてほしい」と、ある放送局の方に依頼されました。その時は時間がなくて調べきれませんでした。そこで今回リベンジとして改めて調べたところ、特徴がいくつか浮かび上がってきました。

この本の調査で使った部分コーパス（Bコーパス）に縮小する前の『現代日本語書き言葉均衡コーパス』全体を使って、「させていただく」を調査しました。このコーパスには、雑誌や新聞など一一のジャンルの書き言葉テキストが均等に集められているのですが、国会議事録の「させていただく」使用は他と比べてとても多く、すべての「させていただく」使用数の半分近く（46・6％）を占めていることがわかりました。二番目に多いのがブログ（15・5％）、その次が出版書物（10・2％）です。これらの数字を見るだけでも、国会議事録でどれだけ多く使われているのかがわかります。

なぜ国会議事録には「させていただく」がよく使われているのでしょうか？　政治家は職業柄よく使う人たちなのでしょうか？　そのことは否定しませんが、もっと考えるべきことがあります。一つはテキストの性格です。ここで使った『現代日本語書き言葉均衡コーパス』は書き言葉を集めたものです。国会議事録は書き言葉ですが、国会の答弁を書き起こしたものですから、元は話し言葉です。「させていただく」は、書き言葉よりも話し言葉で使われることが多いとされています。国会議事録は元々は話し言葉なので話し言葉性を反映しており、多く使われていることにも合点がいきます。

もう一つの理由としては、先ほど図7－4、7－5で見たように、「させていただく」は能動的コミュニケーション動詞と一緒に使われる傾向が、時代と共に増えてきていることがあげられます。国会の答弁はまさに質疑応答で構成されているのですから、能動的コミュニケーション動詞が頻繁に使われていても、なんの不思議もありません。

そこで、国会議事録で「させていただく」と一緒に使われている動詞を調査してみました。全部で二六二一回使われていましたが、サンプルとして、全体の使用の約15％に当たる四〇〇件を調べたところ、次のような美しい結果が得られました。

（1）答える系の動詞（例：答える、説明する）約54％
（2）質問する系の動詞（例：質問する、尋ねる）約40％
（3）その他の動詞（例：議論する）約6％

国会議事録では「させていただく」と一緒に使われる動詞は、「答える」「質問する」という能動的コミュニケーション動詞が約94％を占めています。国会は質疑応答の場なので、当然の結果です。これほど限定的な動詞クラスターは他では見たことがありません。

それに加えて、最近話題になった国会答弁の動画も調べてみました。それを聞いていて「させていただく」の特殊な使い方に気がつきました。それは答えたい時には「お答えをさせていただきます」、答えたくない時には「お答えを差し控えさせていただきます」という言い方が使われているということです。答えたい時と答えたくない時、いずれの場合にも「させていただく」が使われており、落ち着いて丁寧な雰囲気が醸し出されています。「させていただく」の実力が発揮されている好例だと思いました。

特に、「お答えを差し控えさせていただきます」「回答を差し控えさせていただいております」といった言い方は、質問に答えると自分が不利になるような、人に言えない理由で答えたくない・答えられない場合に、あたかも相手から言わなくてもいいという許可をもらったかのように「（お答えを・答弁を・回答を、これ以上は）差し控えさせていただきます」と使われています。一世代前の「記憶にございません」「お答えできません」「ノーコメントです」などの代替表現として使われている印象を受けました。本当は、自分の強い意志で「答えない」と回答拒否をしているのですが、相手からの許可と自分の謙虚さが演出できる「させていただく」のメリットが最大限に発揮されています。

活用形と語尾のパターン

本題に戻ります。ここまでは、「させていただく」の前にどんな動詞が使われているのかを調査してきました。前接動詞が多様になり、「させていただく」の応用範囲が広がっていることがわかりました。今度は、「させていただく」の後ろがどのように終わっているのかを見ていきます。日本語は文末に話し手が自分の話している内容に対してどんな態度を持っているのかが示されています。話している事柄に対して、話し手が確信しているのかどうか、微妙なニュアンスが伝わってくる部分です。

例えば、テレビの天気予報では「明日は晴れるでしょう」「雷雨でしょう」といった言い方をします。明日の天気は、雲の状況などで予測はできても一〇〇％の確信は持てないので「これはあくまで予測です」と伝えるために、「でしょう」と言っているわけです。休日の前日に、みんなの期待を受けて「明日は晴れます」と言い切ってしまうと、雨が降った時に、天気予報を信じて外出した視聴者に謝らなくてはいけなくなるので、断言を避けているわけです（時々ハズレて謝っている気象予報士もいますが）。

日本語では、文末に話し手の命題に対する態度が表明されるので、実際に話し始めて聞き手の反応を見ながら、「～と考えられるけど、そうではないと思う」と最後に加えて、自分の主張を変えたり、「かもしれない」「間違いない」などを付けて、主張の強さを調整したりすることができます。「させていただきます」自体もそうなのですが、どんな活用形で使われているのかによって伝わり方が違ってきます。

「させていただきましょう」と提案するのか、「させていただきたいんですけど……」と遠慮気味に願望を言いさして、こちらの反応を見るのか、「させていただく」の後ろがどんな活用形や語尾になっているのかで、話し手の態度がわかります。そこで、「させていただく」の活用形と機能を分類して、実際にどのくらいの頻度で使われているのかを調べました。ここでは一一のカテゴリーに分けて、新旧二つのコーパスで頻度を調べました。

最も増えた「言い切り形」

ここでは、「させていただく」の後ろの部分を、次のように一一のカテゴリーに分類してカウントしました。

①「たい・とう」のついた願望形（例：させていただきたい）
②言い切りの行動予告・宣言形（例：させていただきます〔ね・わ〕）
③「しましょう」などの他者への行動の提案や自分の意思表示形（例：させていただきましょう〔ね〕、いただこうじゃないか）
④発話を最後まで言わない言いさし形（例：させていただきたいんですけど）
⑤相手の意向を尋ねたり許可を求めたりする質問形（例：させていただいてもよろしいでしょうか？）
⑥仮定・条件形（例：させていただけると嬉《うれ》しいです）
⑦「ている」のついた現状追認説明形（例：させていただいております）
⑧「させていただく」の後ろに名詞がくる形式名詞、連体修飾語形（例：させていた

だくこと、させていただくわけ）
⑨　従属節内での使用形（例：させていただき、ありがとうございます）
⑩　他者の発話の引用形（例：させていただきます、というやつですな）
⑪　過去形での報告形（例：させていただきました）

結果は、左の表の通りです。

一一のカテゴリーがありますが、ここでは、「させていただく」が何らかの「言語行為」として使われている①から⑦までに注目します（「言語行為」とは、「約束する」「謝罪する」といった言葉を発することを一つの「行為」とみなす概念です。「発話行為」とも言います）。

ここでも統計の結果はAコーパスからBコーパスへの変化として解釈します。図7-7を見ると、「言い切り」は有意に増加していますが、他の形は有意に減少しているか、有意差がありません。

昔のテキストには、話し手が聞き手に直接的に自分の願望や提案・意思を伝えて交渉する多様な形式が使われていたことがわかります。それと比べると、今のテキストでは、そ

図7-7「させていただく」の後ろの形と機能

カテゴリー	Aコーパス	Bコーパス
願　望	96▲	77▼
言い切り	78▼	568▲
提案・意思表示	52▲	49▼
言いさし	30▲	49▼
質　問	29▲	63▼
仮定・条件	24▲	13▼
現状追認説明	11	80
形式名詞	70▲	151▼
従属節・引用・過去形	107▼	1,050▲
計	497	2,100

$\chi^2(8) = 412.581$, $p < .01$, Cramer's V = 0.399、1％水準で有意差あり。
表中の▲は1％水準で有意に多い、▼は1％水準で有意に少ない、無表示は有意差がないことを示す。

うした直接的なやりとりや交渉の形で「させていただく」が使われなくなっています。

著しい変化は、「させていただきます」という現在形の言い切り形が時代と共に増加したことです。「させていただきます」は自分の未来の行動を一方的に宣言する形ですから、実際の場面では、対話者間に交渉的な言葉のやりとりはなされていないだろうし、聞き手側には、相手の行動に許可を与えたり禁じたりするような関与や交渉の余地はありません。

「質問形」は減り「依頼形」へ

比較のために、「させてくださる」の後ろの形も見ておきましょう。

図7－8からは「確認させてください」などの依頼形が有意に増えている一方で、「参加させてくださいませんか」などの質問形が有意に減っていることがわかります。「させてください（よ・ね・な）」という依頼形の使用は両コーパスで多いのですが、統計にかけると、これだけが時代の流れと共に大きく増加している一方で、ほかの形が減少し、あまり使われなくなっているという結果が出ました。

Aコーパスでは「聞かせてくださいませんか」などの質問形が少ないながら使われていましたが、Bコーパスでは質問形はあまり使われなくなっています。依頼と質問を比べると、質問の方がより直接的に相手の意思に触れるわけですが、それが減っていることは、図7－7で見た「させていただく」の後ろの形が縮小していることと類似しています。

つまり、「させてくださる」という補助動詞が様々な活用形で使われるような対話者同士の交渉場面は減少し、単に「聞かせてください」と一方的に依頼する形へと収斂《しゅうれん》してきているのです。依頼形が多用されて定式化すると、依頼というより語気の強い命令的なフォースを持つようになってきます。敬語なのにあまり丁寧な感じがしません。これは敬意

図7-8「させてくださる」の後ろの形と機能

型	Aコーパス	Bコーパス
依　　頼	367▽	596△
言い切り	7	13
質　　問	36▲	10▼
連 体 詞	18	38
従属節・引用・過去形・他	157	217
計	585	874

$\chi^2(4) = 31.719$, $p < .01$, Cramer's V = 0.147、1％水準で有意差あり。
表中の▲は1％水準で有意に多い、▼は1％水準で有意に少ない、△は5％水準で有意に多い、▽は5％水準で有意に少ない、無表示は有意差がないことを示す。

漸減《ぜんげん》の影響だと思います。「させてください」という補助動詞が使われなくなった現象の背後には、そうした敬意漸減による「させてくださる」の敬意の低下、強制的ニュアンスの強まりがあるのではないかと考えられます。

交渉的な形が減少して、一方的に自分の意向を相手に伝える形が増加している現象は、先ほど「させていただく」の後ろの形を見た調査結果とよく似ています。共通の現象といってもよいかもしれません。ただし「させてくださる」の場合は、主語が聞き手なので「願望」や「意思表示」の形では使えないという、「させていただく」にはない活用上の制約が影響していることも、付け加えておくべきでしょう。

この章では、「させていただく」と「させてくださる」の前にくる動詞と後ろの形を、二つの時代の異なるコーパスで観察してきました。「させてくださる」と比較することによって、「させていただく」の特徴が明確になりました。また二つのコーパスを比較することによって、「させていただく」の時代的な変化も見ることができました。

コミュニケーション場面で使われる

あらためてまとめてみましょう。二つのコーパスで「させていただく」の前後がどうなっているのかを調べたところ、時代の流れの中で「させていただく」の使い方が変化していることがわかりました。まず、「させていただく」の前にくる動詞の種類が多様化していました。特に、「話す」「言う」「述べる」といった、多様な「能動的コミュニケーション動詞」と一緒に使われるようになっていました。しかし、そうした流れの中で、一緒に使われなくなった動詞もあります。「お供する」「お付き合いする」などといった「人に働きかける動詞」です。それらは、現在は「させてくださる」と一緒に使われることの方が多くなっています。

元々「させていただく」は、「見る」「聞く」「解釈する」といった受動的なコミュニケーション動詞（ここでは「経験動詞」と分類）と一緒に使われることが多かったのですが、時代と共に、「言う」「報告する」「説明する」などの「能動的コミュニケーション動詞」とも使われるようになってきていました。つまり、「させていただく」は、コミュニケーション場面でよく使われるようになってきているということです。

言い切り形「させていただきます」の定型化

「させていただく」の後ろの活用形を二つのコーパスで比較したところ、いくつかの特徴が浮かび上がってきました。過去のデータでは願望や提案・意思表示、言いさしなど、多様な活用形で使われていましたが、現在ではほとんど「させていただきます」という言い切りの形でしか使われていません。ほとんど定型表現になっています。

後ろの形が定型化すると、どうなるのでしょうか？　文末は話し手が話題に対してどのような態度やスタンスを持っているのかを示す部分で、そこが限定的になってきていたということです。つまり、「させていただく」の場合は、双方向的で交渉的なコミュニケーションスタイルが、一方向的な宣言や報告へと限定化してきているのです。

じつは、この現象は、デメリットともメリットとも解釈することが可能です。デメリットとして見ると、これは多様性の衰退であり、豊かなコミュニケーションが貧弱化してきたと解釈できます。反対に、メリットとして見ると、同じことを伝えるのに色々な形を考えなくても定型表現を使えばすむので、合理的だというわけです。違和感調査の結果を振り返ると、デメリットとメリットのどちらと捉えるかは年齢層によります。これは二つの調査結果を統合する次の章で、もう一度考察することにします。

関わるようで直接の関わりは避ける

ここまで、二つのコーパスにおける「させていただく」と「させてくださる」の敬語形を比較しながら、使用状況を観察してきました。「させていただく」は、Aコーパスでは、前にくる動詞の選択肢は少ないのですが、後ろの活用系や語尾には多様性が見られました。一方、Bコーパスでは、前にくる動詞は多様なのですが、後ろの活用形は限定的になっており、対話者間での交渉が行われる余地のない「させていただきます」という言い切り形へと収斂《しゅうれん》していることがわかりました。つまり、相手との関わりを表現する多様な動詞が使用されるようになってきた一方で、それまで相手との様々な交渉的な言語行為を遂行していた後ろの部分が縮小してきているのです。

前節部の拡大と後接部の縮小という調査結果は、どう解釈すればよいのでしょうか？

昔は、多様な形式を使って、話し手と聞き手が会話をやりとりしながら、交渉するコミュニケーションスタイルがとられていました。ところが、今は「させていただきます」という言い切り形が定型化して多用されるようになっています。これまで「させていただく」の後ろの活用部分が担っていた交渉的なストラテジーが貧弱になって、双方向的コミュニケーションが一方向的なコミュニケーションに変わってきたということです。

その一方で、そうしたコミュニケーションの貧弱化を補うかのように、「させていただく」の前には、これまであまり使われてこなかった様々な動詞が使われるようになりました。これは運用上の多様性の高まりと解釈できます。「させていただく」の後ろの部分に頼る交渉的ストラテジーから「させていただく」の前にくる動詞の多様性に頼る語彙的ストラテジーへと、運用の重点がシフトしてきたということです。つまり、使われている言葉の中身には相手との関わりが示唆されていても、相手と直《じか》に関わる後ろの方はそれを閉ざすような方向に変化しているのですから、関わりを見せつつ実際にはそれを避ける方向へと移行してきているわけです。

二つの調査の一致

「させていただく」の前にどんな動詞がくるのかを調べた語彙調査では、能動的コミュニケーション動詞が多く使われるようになっていることがわかりました。能動的コミュニケーション動詞とは、「話す」「報告する」「説明する」といった、相手の存在や関与を前提として、自分からすすんで相手にコミュニケーションをとろうとする動詞です。

振り返ってみると、これは意識調査で違和感に最も影響を与えるのが「必須性《ひっす》」であったこと、つまり相手の存在や役割があると「させていただく」フレーズへの違和感は小さいことと呼応する結果です。そのように考えると、ここで実施した二つの調査結果は、「させていただく」の変化の方向性において一致したことになります。「させていただく」は、時代の中で、相手に積極的に話しかけるような動詞と一緒に使われることが多くなっており、そういう使い方に対して、人々はあまり違和感を感じなくなってきているのです。

「させていただく」は話し手が主語なので、聞き手に言及しません。言葉の上で、相手に触らないということは、相手から距離をとることになるので、「させていただく」には元々敬避性が備わっています。ところが、実際に使われる時には、「聞き手意識」と呼べるような相手の存在や関与への意識を示す能動的コミュニケーション動詞と一緒に使われることが多くなっているのです。ということは、元々の遠隔化作用に近接化作用が加わったことになります。

近接化と遠隔化の両立

「話す」「説明する」といった能動的なコミュニケーション動詞が「させていただきます」と一緒に使われるようになった理由を考えてみましょう。「お話しする」といった能動的コミュニケーション動詞に「させていただきます」という言い切り形をつけると「お話しさせていただきます」と、相手の許可を取ってコミュニケーションの開始を合図するフレーズが出来上がります。

大勢の人の前で話す時でも、二人で話す時でも、いきなり話し始めるのは相手に失礼だし、相手がちゃんと聞いているかどうかもわかりません。そういう時に、「お話しさせていただきます」と言うと、私が話す合図や順番を示し、自分が話し始める了解を相手からもらいたいと思っていることが伝わります。

そもそも、誰かが話し始めると、わざわざ耳を傾けなくても、声は自然に耳に入ってきます。聞きたくなくても、聞こえてしまうわけです。そういう場合は、話し出す前に相手に了解をとっておく必要があるだろうし、その方が礼儀にかなっています。講演会や会議など、大勢の人の前で話をするときの「お話しさせていただきます」というフレーズは、騒がしい会場に静粛を求めたり、聴衆の注意を集めたりすると同時に、聴衆から話を始めることへの了解をとりたい気持ちから使われているのではないかと思われます。

図7−2で、「させていただく」は四つの補助動詞の中で最も距離感が大きいことを見ました。しかし、「させていただく」の前に「説明する」といった相手に関係する動詞がくると、近接化の性格を帯びることになります。ということは、そうした聞き手への意識を示す動詞と一緒に使われる時の「させていただく」フレーズ全体は、従来の敬語が果たしてきた距離の確保という遠隔化だけではなく、近接化の機能も負うことになります。

つまり、能動的コミュニケーション動詞によって近接化ストラテジーを採用すると同時に、元々「させていただく」に備わっている遠隔化ストラテジーによって、物事を丁寧に示す遠近両方の距離感を示すマーカーとしての機能を果たしていることになります。

合理化か貧困化か

「させていただく」の使用が爆発的に拡大していることをめぐっては、ご承知のように、賛否両論があります。賛成と反対という意見の背後には、こうした複雑な距離調節効果についてのそれぞれの考えがあるのかもしれません。肯定的に評価して便利な表現として使っている人は、幅広い動詞と一緒に使える便利さや、へりくだりの言葉が簡単に正しく作れる利便性を評価しているのかもしれません。もちろん、この両方向性による微妙な距離感が心地よいと思っている人もいるでしょう。

反対に、否定的に評価する人は、前にくる動詞の多様性に対して、何にでも「させていただく」をつけて使う現象だと解釈しているのでしょう。そして、そういう安易な使い方に対して反感を抱くのだと思います。でも、それだけではないと思います。反対派の意見を聞いたところ、「させていただきます」と後ろの形が定型化し、結果的に多様な活用形で使われなくなったために、コミュニケーションにおける相手と様々なやりとりや交渉がなくなり、コミュニケーションが貧困化・平板化していることへの嘆きが聞こえてきました。コミュニケーションをとっているのに心が通わないとか、気持ちが伝わらないことに対する苛立《いらだ》ちのように見受けられます。

同一の現象に対して、肯定的に捉える人もいれば否定的に捉える人もいるのは、よくあることです。ただ、ここに世代差による言語感覚の違いが関係しているのは興味深いことです。言語が時代の中で変化していることを示唆しているからです。

敬意がすり減った「させてくださる」

さて、「させていただく」がブレイクする中で、「させてくださる」の方はどのように変化していたのでしょうか？　ここではBコーパスでしか「させてくださる」を見ませんでしたが、詳細な調査結果から様々なことがわかりました。Aコーパスでは限定的な動詞としか一緒に使われていませんでしたが、Bコーパスでは多様な動詞と一緒に使われるように変わってきています。後ろの活用形を見ると、Aコーパスでは「させてくださいませんか？」といった「質問形」が、Bコーパスでは「させてください」という「依頼形」が多く使われるようになってきています。

新旧二つのコーパスによって好まれる活用形が異なるということは、時代と共に好まれる形が変化してきているということです。具体的には、「させてくださいませんか？」といった質問形で相手の意向を聞くタイプから、「させてください」という言い切り形にシフトしてきています。また、一緒に使われる動詞の語彙は多様化していましたが、「させていただく」ほど増えていたわけではありません。

「させてくださる」は、Aコーパスでは「させていただく」とほぼ同じ頻度で使われていましたが、Bコーパスでは「させていただく」とは比べられないほど、頻度が減っています。「させてくださる」はなぜ使われなくなったのでしょうか？

理由の一つには、「させてくださる」が敬意漸減によって、相手への敬意がすり減ってきたことがあります。昔は質問形で相手の意向を伺う形が多く使われていたのに、現在では「させてください」という言い切り形で使われることが多くなったこととも関係しています。「させてください」は、元々は依頼や要請として使われていたのに、高頻度で使われているうちにだんだん語気が強くなって、命令的なニュアンスを帯びてきたのではないでしょうか。

つまり、敬意漸減によって、「させてくださる」の中にあった「あなた」への敬意がすり減ってしまったのです。「させてくださる」は敬語ですが、「あなた」が主語なので、敬意がすり減りやすい性質を持っています。言葉の上で「あなた」に触れてしまうからです。「させてくださる」が、距離感的にプラスとマイナスの要素を持っていることは、図7－2で見た通りです。元々「させてくださる」は、「させていただく」よりも距離感は近いのですが、そこに敬意漸減が作用してますます距離感が縮まり、敬意不足が感じられるようになり、使われなくなったのではないかと考えられます。

現在の「させていただく」は、「あなた」に関係する近距離効果を持つ動詞と一緒に使われることによって、遠近両方向の距離調節機能を持つようになっています。しかし、「させてくださる」は主語が「あなた」なので、それ自体に近接化の要素を含んでいます。そのため、人と関わる動詞と一緒に使われると近接化効果がさらに強まり、相手との距離を十分に保てなくなったのです。つまり、「させていただく」が今果たしているような、対話者間の距離を微妙に調整する機能を持ち得なかったのです。

インフレした敬意を距離感で調整

このように、十分な距離感を保持することによって十分な敬意を持っていた敬語も、使われるうちに敬意漸減の作用によって敬意がすり減り、最後には敬意不足が感じられたり、横柄に感じられたりする方向へと変化していきます。すり減った敬意を補うためには、敬語を加えて敬意を追加するしかありません。まさに敬意のインフレーションです。その結果、相手を尊重すればするほど、敬意を込めれば込めるほど、遠隔化が進み、だんだん相手が遠くなって、直接的なコミュニケーションは貧弱になっていくジレンマに陥ります。

相手に失礼でない話し方をしようとすると、どうしてもたくさんの敬意表現を使うことになります。結果的に、対話者間の繋《つな》がりや親しさを表現できなくなって、少し不自由なコミュニケーション状況に陥ります。「させていただきます」は、そうした距離感の中にあって、「させて」と相手の許可に言及することによって、相手へ手を伸ばそうとする気持ちが話し手にあることを示すと同時に、「いただく」という遠距離効果の言葉で距離感を取り戻すことによって、微妙に人々の間の距離感を調整することができます。特に、相手に関係する動詞と一緒に使って距離が縮まりそうな時には、「させていただく」によってしっかりと距離を取り戻すことができます。そうした微妙な距離感操作が簡単にできることが、伝統的な敬語に代わる表現として使われる理由ではないかと思います。

敬意漸減の兆し

ただし、ここで明らかになった「させていただく」の前接部の拡大と後接部の縮小というアンバランスからは、新たな問題も生じています。使いやすさによる使用過剰、すでに敬意漸減の兆しが見えること、言い切り形の定型化、定型の使用過剰による対話者間の関係性の希薄化など、いくつかあげられます。

ただ、定型化していることに対しては、世代によって評価が異なります。若い世代には、この言い切り形への一本化・定型化は、簡便化・合理化だと肯定的に捉えられていますが、少し上の世代は、紋切り型のコミュニケーションに物足りなさを感じているようです。

もしかしたら、こうした世代間の認識のズレがミスコミュニケーションの原因になっているのかもしれません。つまり、話し手が若い世代の場合、丁寧に敬語を使っているつもりなのに、聞き手が上の世代だとそうは受け取らず、紋切り型の表現に違和感を持ったり、慇懃《いんぎん》無礼だと感じるかもしれません。第一章で紹介した「受講票を確認させていただきます」と言われて激怒した年配の男性のエピソードは、こうしたミスコミュニケーションの一例だったのかもしれません。

意識調査でも見たように、話し手の意図と聞き手の解釈は、必ずしも一致するわけではありません。そこに世代間の言語感覚の違いが加わると、行き違いが起こる可能性が高まります。「させていただく」をめぐっては、賛否両論があります。次章ではこうしたことについて、少し大きな視点から論じていきたいと思います。

第四章　注

1　Biber, Douglas, Stig Johansson, Geoffrey Leech, Susan Conrad and Edward Finegan (1999) *Longman Grammar of Spoken and Written English*, London : Longman.

第五章　日本語コミュニケーションのゆくえ

——自己愛的な敬語

「させていただく」は関西発祥なのか

「させていただく」は関西と関係が深いと言われています。それが関東に、そして全国に広がったとされています。一向宗《いっこうしゅう》の信者であった近江《おうみ》商人が行商しながら全国に広めたという説もあります。

司馬遼太郎《しばりょうたろう》の『街道をゆく24 近江散歩、奈良散歩』から関連箇所を引用します。

> 日本語には、させて頂きます、というふしぎな語法がある。
> この語法は上方《かみがた》から出た。ちかごろは東京弁にも入りこんで、標準語を混乱（?）させている。「それでは帰らせて頂きます」。（中略）「はい、おかげ様で、元気に暮させて頂いております」。
> この語法は、浄土真宗（真宗・門徒・本願寺）の教義上から出たもので、（中略）絶対他力を想定してしか成立しない。（中略）「地下鉄で虎ノ門までゆかせて頂きました」などと言う。相手の銭で乗ったわけではない。自分の足と銭で地下鉄に乗ったのに、「頂きました」などというのは、他力への信仰が存在するためである。もっともいまは語法だけになっている。[1]

この「おかげさまの精神」は、今でも「させていただく」に含まれているのでしょうか？　すぐに「そうだ」と言えないのは、意識調査から「させていただく」の恩恵性を人々が意識しなくなっていることがわかったからです。

たしかに「させてもらう」は関西でよく使われているようですが、敬語形の「させていただく」が東京と同じ意味合いで使われているかどうかは、調べてみないとわかりません。第一章の『サザエさん』のところでちょっと触れましたが、「させていただく」は戦前から東京の山の手言葉として普通に使われていたとする研究もあります。[2] 東京でよく使われている「させていただく」は、起源は関西だとしても、長い年月の間に、独自の変化を遂げてきたのかもしれません。

この章では、基本的な問いに立ち返って、「させていただく」の使用増加現象が意味するところを考えていきます。「させていただく」が使われる場合と使われない場合を比較して、「させていただく」に込められた意味を考えていきます。

ものの言い方は地方によって異なります。それを方言学の視点から論じた『ものの言いかた西東』に、次のようなことが書いてあります。[3] 例えば、自分が人の荷物を持ってあげる時に、東北《とうほく》地方では「持ってやる」と言うのですが、近畿地方では「持たせてもらう」とか「持たせていただく」と、あたかも自分が恩恵を受けるかのように言うとあります。恩着せがましくならないように相手に配慮を見せるのが関西の人々のメンタリティだとしています。

　恩恵を受ける側も、東北の人と関西の人では言語表現が異なります。東北の人は「助かった」と自分の安堵《あんど》の気持ちを口にしますが、関西の人は相手への感謝と恐縮の気持ちを繰り返し表明する傾向があるようです。著者の一人、小林隆《こばやしたかし》さんは別の論考で「近畿のものの言いかたには、相手の存在が強く意識される。ものごとの判断の基準は自分と相手との関係であり、ことがらが相手にとってどうであるかということに気を配る」[4]と述べ、これを「相手志向」と捉《とら》え、近畿方言の特徴だとしています。この「相手志向」は、私たちがこの本で「聞き手意識」「あなた認知」と呼んできたものに近いのではないかと思います。

「させていただく」の一人勝ち

　これまでの研究で指摘されていることを統合すると、次のことが言えます。一九九〇年代に「させていただく」の使用が拡大してきた背景には、もちろん「させていただく」が

図8「させていただく」へのシフト

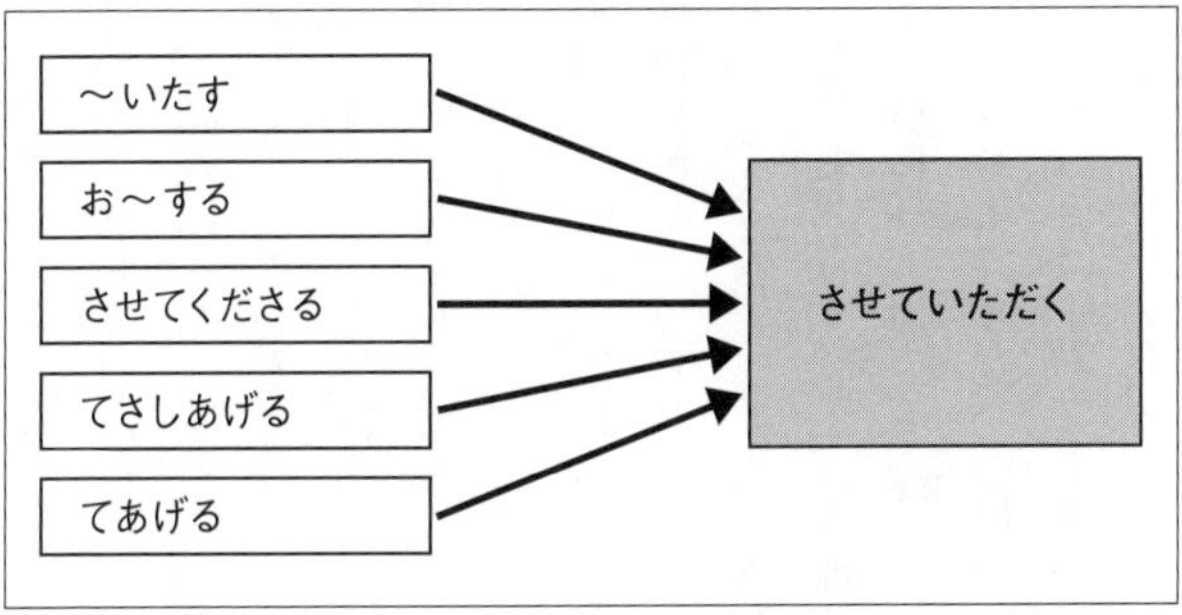

使いやすいという積極的な理由もありますが、それまで使われていた「いたします」「お〜する」「させてくださる」「さしあげる」に敬意漸減《ぜんげん》が起こり、使いにくくなったという消極的な理由もあります。図8が示すように、敬意不足に苛《さいな》まれた人たちが、そうした表現の代わりに「させていただく」を使い始めたというわけです。

その経緯を考えてみましょう。例えば、丁重語「いたします」は、元々自分の行為をへりくだる言葉でした。ところが、敬意漸減のためにへりくだった自己に焦点が当たり、いつの間にか尊大化し、偉そうに聞こえるようになりました。そして最終的には、「ただいまから、○○年度の卒業式を挙行いたします」などのような、改まった場面でやや厳かに宣言するような場合にしか使われない敬語になってきているのです。

国会議事録の調査では、「させていただく」が、丁重語の「いたす」と謙譲語「お～する」に取って代わったとされています。丁重語「いたす」から「させていただく」への転換は「非恩恵的」な敬語から「恩恵的」な語句へのシフト、謙譲語「お～する」から「させていただく」への転換は「授益」から「受益」へのシフトです。この本では、「させていただく」を「新・丁重語」としていますが、話し手側に「受恩」の意識は希薄でへりくだりの感覚しかないので、「新・受恩表現」といった方がよいかもしれません。

ここではあまり取り上げませんでしたが、相手の方にモノや行為が移動する遠心的な補助動詞ヤル系の二つ目の敬語形に「てさしあげる」があります。「さしあげる」の前にくる動詞を新旧二つのコーパスで検索したところ、興味深いことがわかりました。Aコーパスでは、「てさしあげる」の前接動詞は、「させてくださる」や「させていただく」とあまり重なっておらず、三つの補助動詞はそれぞれ独自の動詞群と一緒に使われていました。ところがBコーパスでは、「してさしあげる」は「させてくださる」や「させていただく」と同じような動詞と使われる傾向が見えました。

つまり、Aコーパスでは相互に棲《す》み分けをしていたのに、Bコーパスでは職能領域が重複していたのです。そうなると、先発の「てさしあげる」が独占していた領域が、新参者

「させていただく」に奪われることになります。「てさしあげる」は、ちょっと上から目線的で偉そうに聞こえるので、対面している相手（二人称）にはもはや使えなくなってきています。しかし、ここにいない誰か（三人称）に対してなら、まだ立派に機能を果たしています。次の例は『ミヤネ屋』（テレビのワイドショー）での森永卓郎《もりながたくろう》さんのコメントとして、「文春オンライン」に載っていたものです。[6]

「（眞子《まこ》さま問題は）そっとしておいてさしあげたら」とあります。このように三人称への「てさしあげる」は丁寧な言葉として十分に機能しています。

「てさしあげる」が最近ほとんど使われなくなったことを考えると、じつは、「てさしあげる」からも「させていただく」へのシフトがあるのではないかと推測されます。[7]

第四章で見た「させてくださる」から「させていただく」へのシフトについて、それぞれの最も頻度の高い活用形、「させてください」と「させていただきます」の意味に注目したいと思います。「させてください」を言語的な要素に分解すると、「主語である相手へのフォーカス＋尊敬＋依頼」となります。「させていただきます」の方は「主語である自分へのフォーカス＋謙譲＋宣言」となります。

「させてください」は相手に触れるので敬意漸減が起こり、敬意不足が感じられるようになります。そうなると、「ください」は依頼というより命令の意味合いを帯びてきます。そうした「させてくださる」の変化が背景にあって、少し距離をとる自分を主語とする「させていただきます」が使われるようになったと考えられます。

こうなると、もう「させていただく」の一人勝ちです。「させていただく」自体の使いやすさ以外にも、こうした補助動詞体系の中での勢力争いや栄枯盛衰が「させていただく」の使用拡大を招いたのではないでしょうか。

相手にどう見られたいか

ここで、「させていただく」を含めた日本語の敬語の時代的変化を、社会学者アーヴィング・ゴフマンの概念を使って、ポライトネスの観点から考えてみたいと思います。ゴフマンは、中国語の「面子《メンツ》」からヒントを得てフェイスという概念を社会学に導入しました。ブラウン&レヴィンソンのポライトネス理論とフェイスについては第三章で触れましたが、ここでもちょっと説明しておきます。

ブラウン&レヴィンソンのポライトネス理論では、フェイスが重要な概念として使われています。フェイスとは、他者からこう見られたいという自己イメージへの欲求で、ポジティブ・フェイスとネガティブ・フェイスの二種類があります。じつは、彼らのフェイスの概念は、元々ゴフマンのフェイスの概念を基礎にしているので共通点も多いのですが、相違点もあります。ゴフマンは、話し手と聞き手の両方のフェイスを考慮し、フェイスを維持する行為であるフェイス・ワークは、話し手と聞き手がコミュニケーションの中で行う動的な相互作用と考えています。一方、ブラウン&レヴィンソンは、どちらかというと話し手側のフェイスや話し手が自分の意図を叶《かな》えるために選んだ言語形式に注目しています。

コーパス調査を振り返ると、Aコーパスでは「させてくださる」が「させていただく」と同等か、わずかながら多く使われていました。「させてくださる」の主語は聞き手「あなた」です。「くださる」は敬語形なので、そこには聞き手に対する敬意が込められています。一方、Bコーパスでは「させていただく」の頻度が「させてくださる」をはるかに凌《しの》いでいました。「させていただく」の主語は話し手「私」で、ここには「話し手＝私」から「聞き手＝あなた」への謙譲の気持ちが込められています。自分が下がることによって、相対的に上位に位置する相手への敬意を示すわけです。

「表敬」から「品行」へ

このように考えると、「させてくださる」から「させていただく」へのシフトは、「尊敬」から「謙譲」へのシフトといえますが、これはゴフマンの「表敬」と「品行」という概念を使って説明することができます。ひとことで言うと、次のようにまとめられます。[8]

表敬：相手についての高い評価を適切に相手に対して伝える手立てになる行動

品行：身のこなし・着衣・ふるまいを通じて伝えられる個人の儀礼的行為という要素、自分がまわりから見て望ましい性質をもっている人間であること、あるいは望ましくない性質をもった人間であることを表現すること

「表敬」は、話し手から聞き手へと伝えられるもので、聞き手のフェイスに焦点が当たっています。一方、「品行」は、話し手が周りの人に示すもので、話し手のフェイスに焦点が当たっています。ゴフマンはコミュニケーションを一つの「儀礼的相互行為」と捉え、フェイスは相補的に作用しながら構築されていくもので、コミュニケーションを通じて象徴的に表現される個人のイメージ、他人の眼に映るその人のイメージだと考えています。[9]

ここで「させてくださる」と「させていただく」に込められた「敬意」について、ゴフマンの考え方を取り入れて考えてみましょう。「させてくださる」は「あなた」を主語として敬語の対象としているという点で、聞き手への敬意を表現する「表敬」の敬語です。一方、「させていただく」は「私」が主語になっているので、話し手の謙譲の気持ちを表現する「品行」の敬語です。そのように考えると、時代の中で「させてくださる」から「させていただく」にシフトしてきたことの裏側には、敬意の表し方が「表敬」から「品行」へとシフトしてきたことが潜んでいると考えたくなります。

私たちはコミュニケーションをしながら、互いにある種の自己イメージを作りあげようとしています。補助動詞に関するかぎり、Aコーパスでは「させてくださる」が多く使われていたので「表敬」が重んじられていましたが、Bコーパスでは「させていただく」が多く使われているので、「品行」を示す方が好まれるように変わってきたといえます。相手を自分より上位において敬意を示す「表敬」は相手に触れざるを得ないので、話し手に負荷がかかります。ところが、自分を相手より下位において謙遜《けんそん》を示す謙譲表現は、相手に触れないで自分の「品行」を示すことによって、間接的に相手への敬意を示すことができるので、心理的負担が小さくてすみます。心理的負担の小さい「させていただく」が選択されるのは当然のことです。

同じ意味や機能を持つ表現が敬意漸減によって使いづらくなったことによって、「させていただく」へとシフトしていく様子は、図8に示されている通りです。様々な補助動詞や敬意表現が「させていただく」にシフトしています。

「させていただく」をめぐる使用拡大と補助動詞の歴史的変遷を見ることによって、敬意漸減には二つのタイプがあることがわかりました。ゴフマンの「表敬」と「品行」という概念を使ってまとめておきます。「させてくださる」の例で見たように、相手を主語にした表敬型の場合は、あなたに触れてしまうので、あなたへの敬意がすり減ってしまいます。すると、十分な敬意が示されていない表現とみなされるようになり、使用が回避されると同時に、あなたに触れない語彙《ごい》が選好されるようになります。

他にも、あなたに触れないで自分の行為をへりくだって表現する言葉はあります。「いたす」がそうです。これは自分を主語にとる丁重語です。「させていただく」と同じように、「いたす」も動作を表す名詞（主として漢語）の後ろにつけて使うことができます。ちょっと改まった場面で使われることが多いので、堅苦しい感じがします。この「いたす」は品行型の語彙なので、へりくだることによって自分に焦点が当たり、自己が尊大化してしまうおそれがあります。そうなると、相対的に相手への敬意が低下して十分な敬意が感じられなくなって、使用されなくなり、結果としてほかの語彙に取って代わられます。

将来的には、「させていただく」も「いたす」と同じように自己が尊大化して、偉そうに聞こえるようになるかもしれません。敬語に表敬の敬語と品行の敬語があるのと同じように、敬意漸減にも、表敬型の語彙のように、直接的に相手への敬意低下が起こる場合と、品行型の語彙のように、自己が前面に出てきて尊大化することによって、間接的に相手への敬意低下が起こる二つのタイプがあります。どちらのタイプであれ、敬語であるかぎり敬意漸減の法則は避けられません。これは鳴り止むことのない通奏低音のように日本語の敬語に作用する宿命であり、言語変化の契機の一つとなっているのです。

本当に込められているのは敬意ではない

じつは、意識調査では「なぜ『させていただく』を使うのか？」と、使う理由も聞いています。実際の行動と自分の行動に対する自己認識は必ずしも一致するわけではありませんが、参考までに回答を見ると、人々は丁寧さと謙虚さを示すために「させていただく」を使うと答えています。こうした人々の認識は調査結果とほぼ一致しています。しかし、人々が「させていただく」に込めているのは敬意なのでしょうか？

本当に込められているのは、実際には聞き手意識だと私は考えています。あなたに直接向けるのではなく、自分の行為を表現することによって間接的に伝わるあなたへの配慮です。これは従来の敬語の敬意とはちょっと違います。

「させていただく」フレーズ全体は、「あなた認知」（近接化ストラテジー）を丁重に表現する（遠隔化ストラテジー）、遠近両方のストラテジーを用いた「新・丁重語」への変化過程にあります。謙譲語と丁重語は自分がへりくだる点は共通していますが、相違点があります。謙譲語は自分の行為が相手に向かい、結果として敬意が相手に向かうのですが、丁重語は自分だけで完結する行為を示すので、敬意が相手に向かっていきません。その代わり、丁寧さが自分に向かうのです。つまり、丁重語は自分の丁寧さや謙虚さを示す品行の敬語なのです。

そのように考えると、「させていただく」はやはり、相手に敬意を向ける謙譲語ではなく、自分の丁寧さを示す丁重語として使われていると考えた方がよいわけです。こうした「させていただく」に含まれている意味合いは、敬意で説明するより、ポライトネスの概念を使って相手との距離感と捉えてそれを微妙に調節していると考えるとしっくりきます。

アクセルとブレーキの操作

「新・丁重語」として捉えたときの「させていただく」は、相手が必要な動詞との親和性が高いので、普通の敬語にはない近接化作用を持っています。距離のストラテジーが両方向に作用するということは、アクセルとブレーキの両方を同時に踏むように、相手との距離を調節していると同時に、変化への力を相殺しあって、敬意漸減が作用するスピードも抑えていることになるのではないでしょうか。

どういうことかというと、あなたへの意識や配慮を示すと、あなたに触れることになるので、普通だとあなたへの敬意はすり減ります。しかし、「させていただく」は主語が一人称であなたに触れないので、あなたへの敬意が低下する敬意漸減の速度が抑制されます。逆に、主語が一人称だと自分に注目が当たり、普通は自分が尊大化して偉そうに聞こえるようになるのですが、「させていただく」は本動詞の部分にあなたへの配慮を示す意味合いが込められているので、自己尊大化のスピードが抑制されます。

両方向の距離的ストラテジーを内包しているので、相手の敬意漸減と自己の尊大化のどちらが作動しても、その作用を相殺し、スピードを抑制する仕組みが働くのではないでしょうか。そう考えると、「させていただく」は他の補助動詞より長持ちするかもしれません。

アクセルとブレーキを同時に踏む距離感操作について、「説明させていただきます」を例に、近接化が先に起こる場合を図解してみましょう。図9は左から右へ見てください。

この図が示すように、「説明する」という動詞の部分では、あなたの存在や関与に焦点が当たるので近接化が起こりますが、「させていただく」は遠隔化作用が強いので、近づくと同時に遠ざかるわけです。結果的には話す前と同じ位置に戻っているのかもしれませんが、一度近づいた上で遠ざかるので、距離の意味合いは異なってきます。私たちはこのように近づいて離れるという一連の操作の結果として生み出された距離感を、なんとなく心地よいと思っているのかもしれません。少なくとも若年層の違和感は全般的に低かったので、若い人たちはそういう感覚を持っているのではないかと推測されます。

問題系への答え

ここで改めて「させていただく」という問題系について考えたいと思います。コーパス調査では、「させていただく」と一緒に使われる能動的コミュニケーション動詞の種類が

図9 近接化と遠隔化の効果

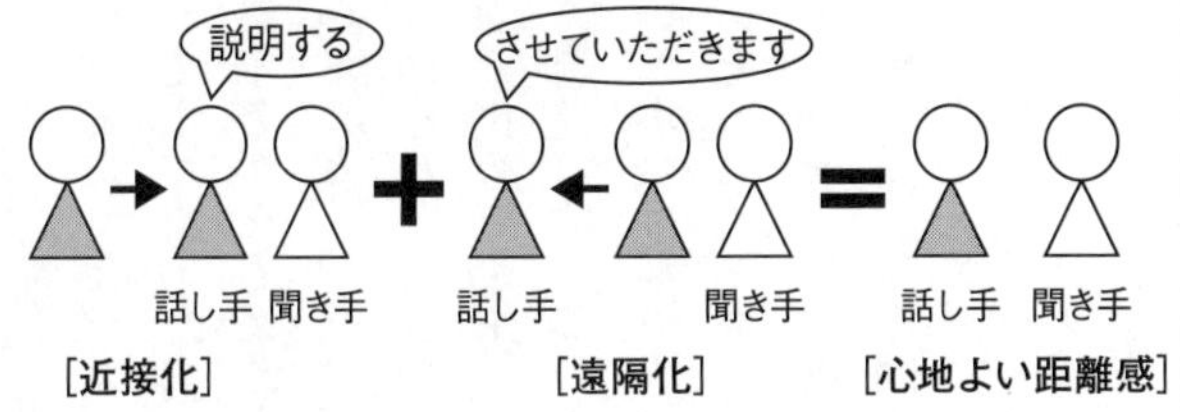

椎名(2021)をもとに作成[10]

増えていましたが、これは相手の存在や関与が必須《ひっす》だという意識調査の結果と呼応する結果です。また意識調査では「一方的行為の宣言」や「私事の一方的報告」を示す例文への違和感は双方向的行為を示す例文よりも大きいという結果が出ていました。このことは「させていただく」は双方向のコミュニケーションで使ってほしいと考えている人が多いことを示しています。もう一つ、「させていただく」は自分の丁寧さを示す敬意マーカーになっていて、自分の行為を言う時に幅広く使われる傾向もわかりました。

しかし同時に、後ろの形が「させていただきます」という言い切り形に一本化してきたという結果も出ていました。これはちょっと不思議な結果です。言い切り形は、一方的な行為の宣言の形でとりつく島がなく、人を突っぱねる感じがします。相手とコミュニケーションをとろうとしているという意味では近接化を図っているわけですが、それが

「言い切り」形で遠隔化作用が機能を発揮しているのは、矛盾した現象です。

第一章で取り上げた、講演会の入り口で「受講票を確認させていただきます」と言われて怒って出て行った男性の例を思い出してください。「させていただきます」と言われてなぜ怒るのかを考えたとき、じつは「いただく」は相手に触れないというまさにそのことにおいて（とりわけ言い切り形で使った場合に）相手に触れることなく結果だけを「もらっちゃうからね」と言われているような感覚を与えてしまう側面があります。それが、否定的な受け止め方を生じさせてしまう原因の一つなのではないかと考えられます。

意識調査では、このような例文に対して、中年層は比較的高い違和感を示していました。こういう場合の遠近両用ストラテジーは、必ずしもすべて人に好印象を与えているわけではないということです。「させていただく」文への違和感にはいくつかの要因が関与しているとはいえ、能動的コミュニケーション動詞が言い切り形で使用されることは、聞き手が違和感を覚える原因の一つではないかと思います。

つまり、「させていただく」使用への違和感は、単に使用頻度が高くなったことだけが原因ではなく、どんな動詞と使われているか、後ろがどんな形なのかにも関係しているということです。能動的コミュニケーション動詞の言い切り形に対して、人々は、自分の期

図10-1 2つの調査結果における符合

意識調査		コーパス調査	
違和感	最大要因：本動詞における聞き手の関与の有無 第2要因：許可の有無	前接部	バリエーションの拡大：能動的コミュニケーション動詞の使用増加
言語行為	一方的言語行為への大きい違和感	後接部	バリエーションの縮小：「言い切り形」への収斂

待するコミュニケーションのあり方と違うと思っているようです。ここでは話し手の意図と聞き手の解釈の食い違いが起こっています。ここに年齢差も加わってきます。

これまで見てきたことを表でまとめておきます。表にすると、「させていただく」の現状分析と通時的変化の方向性が一致したことが見えてきます。

図10－1を上下二層に分けて見ると、二つの調査結果が呼応していることがわかります。意識調査でわかった聞き手の存在・関与の重要性は、能動的コミュニケーション動詞の種類の増大と呼応、一方的言語行為への大きい違和感は、言い切り形への収斂《しゅうれん》と呼応しています。

次に、「させていただく」が持つ矛盾に目を向けてみましょう。元来、「させていただく」は話し手が主語で聞き手に言及しなくてよいという敬避性を備えているので遠隔化ストラテジーが作用します。しかし実際の用法では、相手の存在や関与が意識される動詞と一緒に使われると、違和感が小さく受容度が高いことがわかりました。これは共感性、つまり近接化ストラテジーの効果が加わったからです。「させていただく」は人との距離をとる意味では敬語と同じ働きをしていますが、運用において近接化を帯びている点が従来の敬語とは異なります。ここでは、そうした遠近両方の性質を持つ「させていただく」を「新・丁重語」と名づけました。「新」を付けることによって、距離をとるだけの「丁重語」と差別化したかったからです。

コミュニケーションの矛盾

後ろの形が言い切り形に定型化すると使いやすくなり、私たちの注意は前にくる動詞にシフトします。そして、便利に使えると思って色々な動詞と一緒に使ってきたわけです。でも、ふと後ろを見ると、コミュニケーションが固定化していることに気がつきます。対人配慮が「合理化」されて多様性を失い、「させていただく」フレーズ全体がコミュニカティブな意味合いを失っているのです。

これはコミュニケーションにおける矛盾です。すなわち、コミュニケーションは近接化を図ろうとする行為であるにもかかわらず、そこで最も遠隔化効果の高い「させていただ

図10-2「させていただく」の抱える矛盾

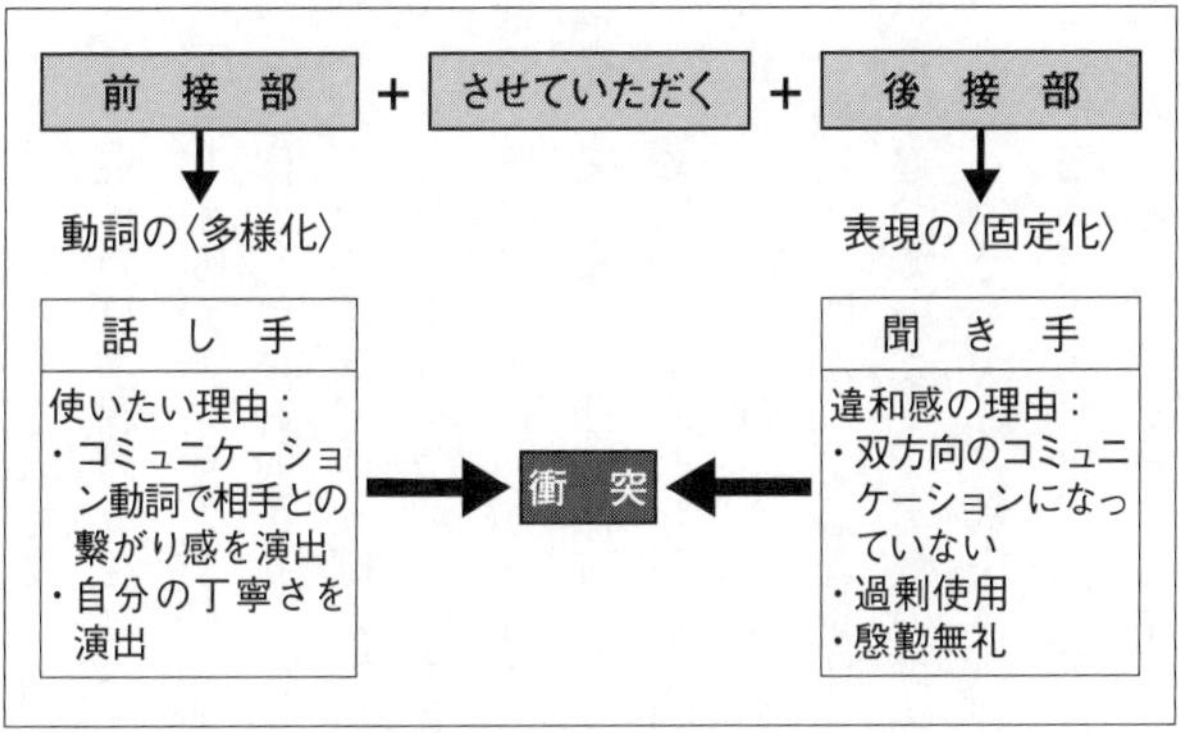

く」を交渉の余地のない言い切り形で使用しているからです。これはコミュニケーションにおいて、アクセルとブレーキとを同時に踏み込むような行為です。「させていただきます」には、ここにも相反する方向性が内在しています。そのことは「させていただく」が人々によく使われていると同時に、人々が違和感を抱く要因の一つになっていました。

　ものごとには良い面と悪い面があります。図9では、「させていただく」を使うと絶妙な距離感が取れるので若年層に好まれていると言いました。アクセルとブレーキを使って微妙な距離感が調節できて便利だと思って使っているうちに使いすぎて、気遣いをやりとりしていたはずが、慇懃《いんぎん》無礼になってきているのかもしれません。日本語は文の後ろの方で話し手の態度を示すので、終わり方にもバリエーションが必要だということです。

これを現在の日本語のコミュニケーション状況として眺めると、表面的な配慮は多様化しているにもかかわらず、実際の対人的側面における交渉的配慮は後退し、コミュニケーション全体としては貧弱化していると見ることができます。その意味で、「させていただく」をめぐる問題は、使う側の便利さというメリットが、受け取る側への不快感というデメリットになる矛盾を孕《はら》んでいます。そのことは、図10－2のように図式化できます。

前にくる動詞の選択肢が多様化して距離感が調節できることは、話し手のインセンティブになっています。使う側は「させていただく」を敬意マーカーとして自分の丁寧さを演出するために使います。しかし、聞き手が気になるのはそこではなく、後ろの活用部分の固定化です。聞き手は「させていただきます」という言い切り形のために、コミュニケーションが自分に開かれていない印象を持つわけです。ここでも話し手の意図と聞き手の解釈が食い違っています。実際のコミュニケーションでは、そこに年齢差や社会的役割が関わってくるのですから、意味合いはもっと複雑になっているはずです。

ここで考えているのは、話し手は丁寧に言ったつもりなのに、相手が失礼だと思うような場合のことです。ポライトネスのはずがインポライトネスになっています。ポライトネスを考える際には、話し手側の意図だけでなく聞き手側の捉え方も考慮に入れなければならないというのが、最近の考え方です。ここで示した「させていただく」をめぐる矛盾は、そのこととも呼応しています。第二章で紹介した、「させていただく」表現に対する矛盾した印象は、こうした話し手側と聞き手側の視点の違いに関係しているのかもしれません。

「あなたとともにあるこの私」

「させていただく」は、元々の意味が薄れてワンフレーズの敬意マーカーになりおおせています。そう考えると、使用制限が緩和されて幅広い動詞と一緒に使われてきていることにも合理的な説明がつきます。もちろん字義通りに「必須性」や「使役性」が込められた正統的な用法でもたくさん使われていますが、「必須性」も「使役性」もない新しい用法が抵抗なく若者を中心に広がってきている現状の裏側には、そういう「させていただく」の規制緩和が影響しているのではないかと思います。

「させていただく」の使用は、一九九〇年代から拡大が始まったので、今ちょうど一世代（三〇年）を経たところです。一見どんな動詞とも一緒に使われているように思われましたが、一定の傾向があることがわかりました。人々はランダムに使用を拡大しているわけではなく、聞き手の存在・関与の有無を見極めた上で使っていたのです。

このように考えると、「させていただく」は、人と関わって恩恵をもらって感謝する表現から、コミュニケーションにおいて「あなたとともにあるこの私」をへりくだって示す敬意マーカーへと変わってきていると考える方が実態に即しています。授受動詞は本動詞から補助動詞へと用法が拡大していく中で、やりとりするものが物理的なモノから事柄や行為、そして相手への配慮へと抽象化してきました。同じように、「させていただく」への違和感に影響力を持つ「あなたの存在・関与」も、直接的に触れ合う物理的な関係から概念的な関係へと抽象化していると考えることができます。

じつは、ここで見てきた新・丁重語の誕生と前後の矛盾という結果は、「させていただく」の使用拡大と慇懃無礼な印象という「させていただく」批判の両方を説明することができます。使用を拡大しながらコミュニケーションの平板化を招いているからです。

させていただきます「ね」

しかし、ここが「させていただく」の変化の終着点ではありません。「させていただきます」という言い切り形によって画一化した意味合いを補充する言い方が使われるようになっているからです。データには「させていただきますね」のように共感の終助詞「ね」や絵文字をつけて使っている例がたくさん見られました。これは言い切り形のそっけなさを補うために加えられたものでしょう。また、「させていただいてもよろしいでしょうか」と疑問文にする形も、最近よく耳にします。共感の「ね」は近接化作用があるし、疑問形も決定権を相手に委《ゆだ》ねているので、同じく近接化を図る試みです。このように、人々は「させていただく」の後ろのニュアンスを変えて、近接化効果を使って言い切り形のそっけなさを緩和しているようです。

「させていただく」はワンフレーズの「新・丁重語」へと変化し、機能しています。ただ、敬語のように使われているからには、敬意漸減の法則から逃れることはできません。込められた敬意は使われるうちにすり減って、敬意が感じられなくなってしまうどころか、尊大に聞こえてしまう方向へと変化を続けます。そうした敬意のすり減りが進むと、丁寧に聞こえなくなって、他の語句へとシフトして、使われなくなってしまうわけです。しかし、今のところ、「させていただく」は使いすぎると卑屈に聞こえるとは言われていますが、偉そうに聞こえるという声はそれほど聞こえてこないので、主語の尊大化はまだそれほど進んでいないようです。内在する遠近の方向性、アクセルとブレーキがうまく働いているのかもしれません。

ただ、ネットの書き込みの中には、少数派ですが、ちょっと気になるコメントがありました。「外からのプレッシャーで使っているだけ」「使われすぎて、もう使えなくなってきている」というコメントです。間違わずにへりくだれる「安心安全」な敬意表現として、若年層が便利に使っていると思っていましたが、必ずしもそうではないようです。

コーパスで調べたところ、「ね」の付いた表現は、過去にはない新しい形だとわかりました。「させていただく」がこのように話し手の態度を示す文末表現を調整する方向に発展しているということは、もう敬意漸減が始まっているのかもしれません。

敬意のインフレーション

最近、「させていただいてございます」という言い方を、会議で耳にするようになりました。「させていただいております」の「おります」を「御座る」に変えた形です。「おります」の「おる」は丁重語ですが、敬意漸減を起こしてあまり使えなくなっています。その代わりに「ございます」が使われているのかもしれません。

「させていただきたく存じます」という言い方も、最近採集した用例です。「させていただきたいと思います」の「思う」を「存ずる」（謙譲語）にした形です。「させていただきます」の強引さとそっけなさを、「させていただきたい」と自分の願望を伝える形にして、間接的に相手から許可を得ようとしています。「たい」は願望を表す助動詞ですが、それだけでは使いにくいので「〜たいと思います」という形でよく使われています。話し手は自分の願望を遠慮気味に伝えています。「させていただきます」に足りなくなった敬意や配慮を補充するために、配慮を込めた願望が付加された用法です。

これらの語句は、起こりつつある「させていただく」の敬意漸減、つまり自己尊大化を打ち消すために加えられているのでしょう。このように、人々は「敬意や配慮が足りない」と思うたびに語句を追加して、敬意をテンコ盛りにしていきます。まさに敬意のインフレーションです。

「させていただく」をめぐる補助動詞体系の栄枯盛衰を見ていくと、離れすぎては近づき、近づきすぎては離れながら、心地よい距離感調整を繰り返す「ハリネズミのジレンマ」を抱えて変化し続ける日本語の姿が見えてきます。日本語は伝え方が大切だとよく言われますが、それは距離感の取り方の重要性と言い換えることができます。

それに加えて、日本語ではそもそも定型表現が好まれる傾向があります。朝夕の挨拶《あいさつ》、出会いと別れの挨拶では、まるでハンコのように、同じフレーズを相互に交換します。また、日本語は文の後ろに話し手の態度を示す表現がくるので、相手の反応を見ながら言い換えたり、言い足したりします。定型句になった「させていただきます」は、文の最後にハンコを押すように使われて、相手に失礼のないように、品性ある自己イメージを作りあげているわけです。

ただ、一文に何度も使われる最近の「させていただく」の多重使いの様子を見ていると、対人配慮に気を遣うあまり、敬語盛り盛りで距離感を出しすぎて、他者と繋《つな》がることを回避するコミュニケーションスタイルへと傾斜しているような気もします。

他者と直接繋がると、他者を傷つけたり自分が傷ついたりします。そうしたことを回避するために直接的な表現を避けて間接的な表現を使ったり、過剰な敬語を使ったりしているのかもしれません。「させていただく」の爆発的な使用拡大は、そうした丁寧な自己演出、品性ある自己イメージの構築に一役かっています。ただ、懸念すべきこともあります。敬語は距離感を作り出すための道具ですから、使いすぎると自己も他者も遠くなりすぎて、繋がれなくなってしまうことです。

敬語のナルシシズム

この本では、「させていただく」の使用拡大という小さな言語現象から、コミュニケーションのスタイル、他者との繋がり方、自己イメージの創出、社会との繋がり方がどのように変わってきたのか、そして現在どうなっているのかを考察してきました。

元々敬語は、尊い他人に向いていくようなものが原形だったのではないかと思われます。ところが、「させていただく」は自分のことだけを述べているので、少し方向性が異なります。相手に向けるのと同じくらいの丁寧さを表現しながら、じつは自分のことだけを述べる敬語になっているからです。相手への敬意を示す表敬の敬語から、自分を丁寧に示す品行の敬語へとシフトしていると解釈できます。

「させていただく」が多く使われているということは、他の人から見て、自分がコミュニケーションをしたいと思える「ちゃんとした人間」であることを表現したいと思うような社会、品性のあるちゃんとした人間である自分を常に示したいと思う社会になってきているということです。つまり、「させていただく」は「私ってちゃんと人と丁寧に話すことのできる人間でしょ」というポーズを示す自己愛的な敬語で、敬語のナルシシズム現象なのかもしれません。

このように考えると、「させていただく」の大ブレイクは、日本語の敬語自体の変化、社会と自分との関係、自分と他者との関係の変化を反映したもので、そうした変化の最先端に位置している現象だといえます。「させていただく」という問題系は、日本語の敬語の変化、そこに作用する敬意漸減の法則、それに影響を与える社会の変化、自己と他者のあり方の変化、そうした因果関係の筋が複雑に絡み合った場なのです。

自己疎外に陥る私たち

「させていただく」の問題系を構成している筋をほぐしていくうちにたどり着いたのは、現代日本語コミュニケーションが対人配慮に心を砕くあまり、他者と直接繋がれなくなってコミュニケーション不全を起こしそうになっている悲しい現状でした。

こういう状態を言い表そうとしたら、おそらく「疎外」という言葉が当てはまるのではないでしょうか。イギリスの社会思想家、レイモンド・ウィリアムズは、「疎外（alienation）」とは、「個人または集団と既存の政治的権威との関係の破綻」、さらには「自分の最も深層の感情や欲求とのつながりを見失う」ことだと言っています。[11] 他者との距離が遠くなりすぎて、繋がれなくなって孤立してしまう現象を指しています。

なぜ私たちは、とりわけ「させていただく」に抵抗感の少ない若者たちは、対人配慮にこれほど心を砕くようになったのでしょうか？　職業柄、日々若い人に触れている者としては、傷つきやすくなっているのではないかと感じます。自分が傷つくこと、人を傷つけることをとても恐れているように思われます。

「自分が人を傷つけたことを知って、自分が傷ついた」と言っている学生がいました。自分が傷ついたことを訴えることはとても大切なことです。ただ、それと同時に、自分が人を傷つけたことにも思いを致してほしいのです。難しいことですが、自分が回復した後に、もし可能なら、相手との交渉を再開し、お互いの気持ちを伝え合って関係修復をしてほしいのです。

学生たちは、人を傷つけるのが怖いと言います。もちろん傷つけていいとは思いませんが、本気で人と繋がろうとしたら、心ならずも相手を傷つけてしまうこともあるだろうし、自分が傷つくこともあるでしょう。それに耐えて、「まっ、いいか」と開き直って、図太く逞《たくま》しくなれたら、人に近づくことが怖くなくなるのではないかと思います。

認められたい、好かれたいという気持ち、嫌われたくない、仲間外れにされたくないという気持ちを持っているのは若者に限りません。それでいて、私たちは他者と深く関わるのは難しい、面倒だ、怖いと思う気持ちも強いわけです（これらはまさにポジティブ・ポライトネスとネガティブ・ポライトネスです）。近づくと衝突も起きるので、衝突を未然に防ぐために近寄らないようにしているのかもしれません。傷つけたり、傷ついたりした時に回復する方法は一つしかありません。傷つけてしまった相手との関係を修復することです。そうした方法は、自分の身をもって経験しながら学ばないといけないのですが、そのためには時間とエネルギーが必要です。失敗もあります。しかし、長い目で見ると、遠回りですが、その方が豊かなネットワークが構築できるのではないかと思います。

「させていただく」の使用増大の原因を現代日本のコミュニケーションの中で考えると、背後には、芸能人だけでなく私たち一般人も、直接顔を合わせないまま不特定多数の人と対話をするコミュニケーション形態が増えているといった事情もあるでしょう。相手がどんな人かわからないから、失礼のないように無難な物言いにしておこうという気持ちから「させていただく」を使って安心・安全な距離をとっているわけです。

不特定多数とのコミュニケーションの難しさ

そもそも、人々が敬語を使うようになった背景には、みんながみんなを知っている小さな村的な身分社会から、近代化により都市化が進み、匿名性が高まった社会で、自分が話している相手がどこの誰かわからず、自分と相手をどう位置づけて接すればよいのかわからないまま不特定多数に話す場面で、相手に失礼のないようにしたい欲求があったからです。しかも、私たちは今ＳＮＳのおかげで、民主化・都市化などとは全く異次元のレベルで、世界中の不特定多数を相手に話をする時代に生きています。

例えば、芸能人や政治家の方たちがテレビなどのメディアで話すときは、誰が聞いているかわかりません。失礼なことを言ったりすると炎上して、文字通り、社会的に抹殺されかねません。そのため、失礼のないようにしたい意識が強く働いて、「させていただく」を多用するという事情もあるのかもしれません。

そして他者はいらなくなった

少し前に、ＴＢＳラジオの『アシタノカレッジ』という番組でライターの武田《たけだ》砂鉄《さてつ》さんと『「させていただく」の語用論』の話をしました。武田砂鉄さんはとても鋭い言語感覚の持ち主で、「『させていただく』ウォッチャー」を自認しています。ＳＭＡＰの「解散させていただく」をいち早く自書で取り上げたのも武田さんでした。[12]

番組の最後に「今気になっている『させていただく』の使い方は何かありますか？」と聞かれたので、迷わず、第一章で紹介した「タレントのおののかさんの『しっかり整わせていただいた。最高!!』が最新の用法だと思う」と答えました。すると砂鉄さんが「もはや他者がいらなくなったんですね」と喝破。鋭い洞察です。今のところ、これが「させていただく」の進む道だと考えています。

翌日の武田砂鉄さんのツイッターには、「増殖する『させていただく』（中略）ついに相手を必要としなくなった」とありました。

じつは、「相手を必要としなくなった」のは「させていただく」だけではなく、現代の日本語の敬語全体が相手を必要としなくなってきているのではないか、というのがこの本を書き終えて得た洞察です。

この本では「謙譲語」だった「させていただく」が「新・丁重語」として使われるようになってきているという見解を述べました。「相手への敬意を示す敬語」（謙譲語）から「自分の丁寧さを示す敬語」（丁重語）へと変容してきていると考えたからです。

第二章の敬語の五分類の説明で使った模式図をもう一度見ておきましょう。[13] ちょっと加筆修正しています。図11の楕円《だえん》が示すように、「尊敬語」「謙譲語」「丁寧語」という伝統

図11　敬語の意味機能の模式図

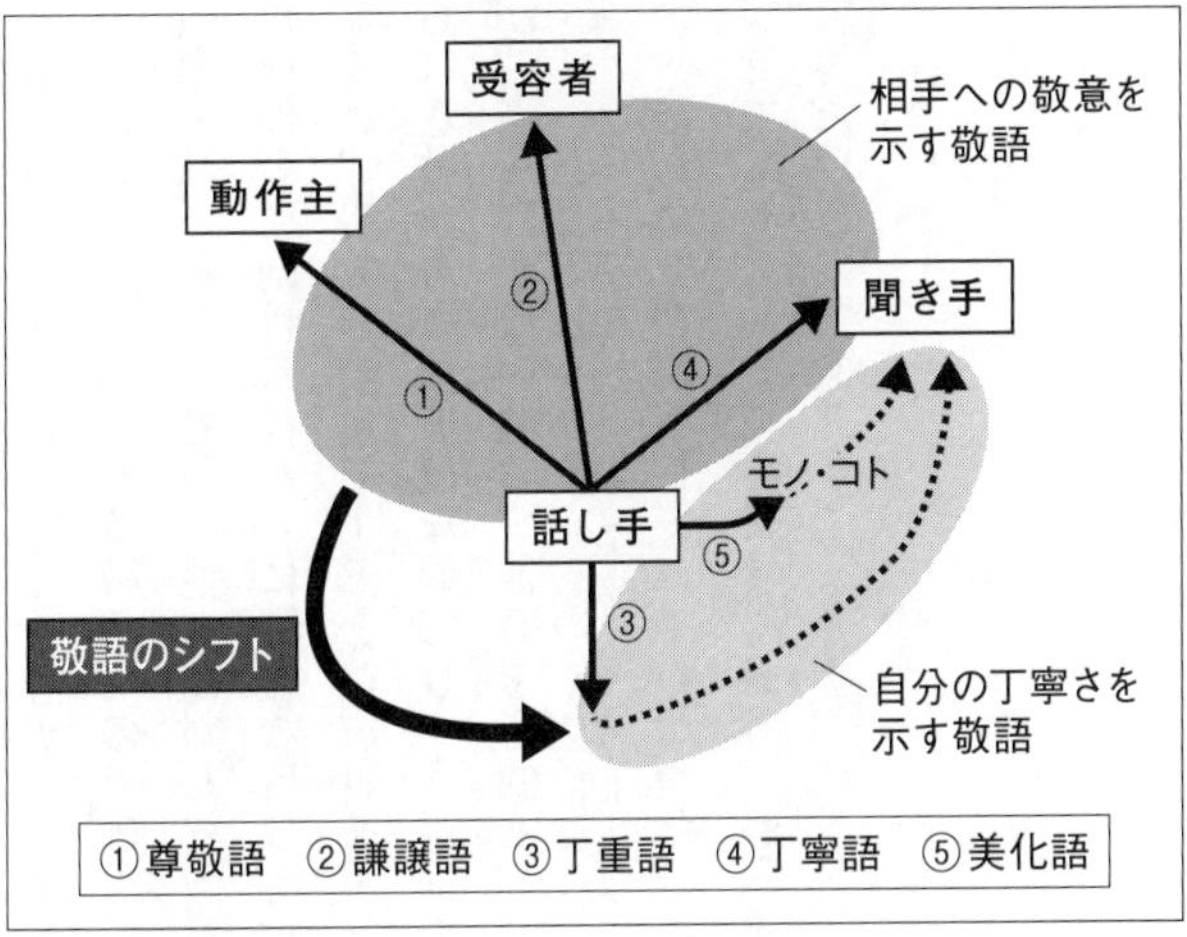

的な敬語の三分類は「相手への敬意を示す敬語」、新しい「丁重語」と「美化語」は「自分の丁寧さを示す敬語」です。左下の太い矢印が示すように、敬語は「相手への敬意を示す敬語」から「自分の丁寧さを示す敬語」へと移行しているのではないでしょうか。

敬語の歴史は「敬意漸減」と切り離して考えることはできません。①新敬語の導入→②敬意がすり減りぞんざいに聞こえる→③距離感の微調整による延命措置→④使えなくなる→⑤新語彙に交代（＝①）というサイクルがずっと続いて今に至っています。「させていただく」は今、①から②の段階で、謙譲語から新・丁重語に変わっているところではないかと思います。③も少し入っています。「させていただく」に取って代わるのは、より距離感のある敬語なのではないかと思います。

敬語とは、そもそも尊い他者に対して敬意を向けるものでした。それがいまや、人々は敬意を他者に向ける代わりに謙虚な自分を示すことにひたすら注力しています。その先にあるのは、自分の丁寧モードと普段着モードの切り替えだけでコミュニケーションがすませられる敬語の世界ではないでしょうか。現代日本語の敬語が行き着く先にあるのは、敬意が他者へ向かない敬語、他者を必要としない敬語かもしれません。

それが望ましいかどうかは、その時になってみないとわかりませんが、「させていただく」へのシフトを観察していてわかったのは、現代日本語の敬語が他者を必要としなくなってきているということです。そういう日本語の世界がどういうものか、ちょっとだけ覗《のぞ》いてみたいものです。

第五章　注

1　司馬遼太郎（二〇〇九）『街道をゆく24　近江散歩、奈良散歩』朝日新聞出版、引用は一一-一二頁からです。
2　松本修（二〇〇八）「東京における『させていただく』」『國文学』九二、三五五-三六七頁、関西大学国文学会。
3　小林隆・澤村美幸（二〇一四）『ものの言いかた西東』岩波新書、岩波書店。
4　小林隆（二〇二一）「発話態度の地域差——自己と話し手、自己と他者——」『國語と國文學』九八（六）三-二〇頁、東京大学国語国文学会、引用は一四頁からです。
5　李譞珍（二〇一八）「謙譲表現『させていただく』の拡大用法に関する研究——『国会会議録検索システム』を主な資料として——」、『ベネファクティブとポライトネス研究集会』第一回大会、（二〇一八年三月三日、法政大学）。
6　https://news.yahoo.co.jp/articles/f31ba0a65998e05e845a7fc2f614c4bee36ba1a0（二〇二一年一〇月二五日閲覧）を参照してください。
7　椎名美智・滝浦真人（二〇二二）「薄幸のベネファクティブ『てさしあげる』のストーリー——敬意漸減と敬意のナルシシズム——」『動的語用論の構築へ向けて』第三巻、二〇四-二四〇頁、開拓社。
8　Goffman, Erving（1967）*Interaction Ritual: Essays on Face-to-Face Behavior*, New York: Anchor Books, 56-57, 77.［邦訳：アーヴィング・ゴッフマン著、浅野敏夫訳（二〇〇二）『儀

礼としての相互行為――対面行動の社会学――〈新訳版〉』叢書・ウニベルシタス一九八法政大学出版局］引用は七七－七八頁からです。

9 Goffman, Erving（1967）Ibid. 前掲書、七七－七九頁を参照しました。

10 椎名美智（二〇二一）「敬語表現からみる社会――いま『させていただく』が使われる理由」『企業と人材』二〇二一年七月号、三六－四一頁、産労総合研究所。

11 Williams, Raymond（1983）*Keywords: A Vocabulary of Culture and Society, Revised Version*（London: Harper Collins）［邦訳：レイモンド・ウィリアムズ著、椎名美智・武田ちあき・越智博美・松井優子訳（二〇一一）『完訳 キーワード辞典』四八－五四頁、平凡社］

12 武田砂鉄（二〇一八）「『させていただく』への違和感」『日本の気配』二六〇－二六六頁、晶文社。

13 滝浦真人（二〇二二年刊行予定）「なぜ今敬語は『5分類』になったのか？――日本人の敬語意識に起こっていること――」近藤泰弘、澤田淳編『敬語の文法と語用論』開拓社、図3に加筆修正したものです。

おわりに

ここまでページをめくってくださったみなさまに、とっておきの「させていただく」の使い方をご紹介します。[1]

「では一つだけ質問させて頂いて宜《よろ》しいでしょうか」「貴方《あなた》様はどのような王を目指しておられます？」と、王騎《おうき》が秦《しん》の若き国王嬴政《えいせい》（始皇帝《しこうてい》）に迫っています。許可伺いの疑問文のついた「させていただく」の新しい形が使われています。王は身分的には絶対的上位者ですが、それ以外の属性（例えば、年齢、戦力、戦歴、武勲）を考えると、王騎の方が優っています。嬴政は王騎に支えられている存在です。ですから、この二人の関係はどちらが上位だと、そう簡単に言うことはできません。緊迫した場面、複雑な関係性の中で使われているこの「させて頂いて宜しいでしょうか」というフレーズは、二人の微妙な関係性を見事に映し出しています。

そもそも『キングダム』はフィクションだし、現代の日本とは国も時代も異なる秦の時代にこうした「させていただく」の使い方があったはずはないのですが、緊張感に満ちた人間関係が立体的に見えてくる使い方、まさにこの本を締め括《くく》るのにふさわしい「させていただく」の用例です。

少し前に、『「させていただく」の語用論』（ひつじ書房）という本を出しました。ネットやテレビ、ラジオ、新聞などのインタビュー記事で取り上げてもらったおかげで、話題になりました。ネットの力は凄《すさ》まじく、あるネットニュースには三〇〇〇件を超えるコメントが投稿されていました。「させていただく」への関心の高さに驚いた次第です。

『「させていただく」の語用論』は、文体は柔らかいのですが、内容はコテコテの学術書です。じつは、その本を読んでくれた多くの友達から「新書を書いてほしい！」というリクエストをもらいました。この本は、そのリクエストに応《こた》えるものです。

「させていただく」はコミュニケーションの変化を示す指標

「させていただく」は一九九〇年以来使用が増加し、一世代たった今も使用が増加しています。目の前で起こる言語変化の面白い現象を記録しておこうという好奇心から、用例採集を始めました。言語学者が「させていただく」という針の穴から覗《のぞ》いた、社会や人々の様子を記したのがこの本です。

学術書では扱えなかった事象や事例、その後に調べたことも書き加えました。言葉オタクのおしゃべりだと思って、ツッコミながら読んでいただければと思います。

ザッ
今 お前に 構《かま》っている ヒマはない！
………
では一つだけ 質問させて頂いて 宜《よろ》しいでしょうか
貴方《あなた》様は どのような王を 目指しておられ ます？
じっくり考えて お答え下さい
この宝刀は 不遜《ふそん》な言葉を 許しませんよォ
相手が誰で ありましょう とねェ

©原泰久／集英社

言葉は生物（いきもの・ナマモノ）です。変化するのは当たり前、正しいとか間違っているとかではなく、それぞれの時代に生きる人々の感覚や距離感に合わせて変化していきます。そうした様相を捉《とら》えようとするのが語用論です。この本も、そうした語用論のアプローチで書かれています。

古典から最新例まで、面白いところだけを抽出したつもりです。もっと詳しく知りたい方は、ぜひ『「させていただく」の語用論』を参照してください。

コロナ禍の辛《つら》い状況においてさえ、「アクリル板越しでお話しさせていただきます」「リモートで会議を開かせていただきます」、さらには「マスクを着用でないお客様の入店を禁止させていただきます」と、「させていただく」は健気《けなげ》に働いています。「させていただく」は貢献度が高いわりに、必ずしも好感度は高くありません。これを機会に真価を見直していただければと思っています。

この本を手に取ってくださった方の中には、タイトルを見て、「させていただく」の正しい使い方を教えてくれる本だと思った方もいらっしゃるかもしれません。ここでは、もっと大きな視点から、「させていただく」と敬語のこれまでとこれからについて解説しています。

言葉は時代と共に、そして私たちの言語意識に合わせて変化していきます。自分が習った時のまま保存しておくことはできません。そもそも「させていただく」が使われるようになったのも、他の敬語が使えなくなったからにほかなりません。そのことを思い起こせば、使われれば使われるほど敬意がすり減り、「させていただく」が元々の意味や使い方から遠く離れて変化していくのは、仕方のないことです。

　これからも若い人たちは斬新な「させていただく」の使い方をして見せてくれるものと期待しています。今はまだ後ろがちょっと変えられているくらいですが、敬意漸減《ぜんげん》が進んでいよいよ使えないとなったら、別のフレーズに取って代わられる運命にあります。

「『させていただく』の次には、何が来るんですか？」とよく質問されます。残念ながら、「させていただく」全盛期にいる私たちにはわかりません。でも、私たちが気づいていないだけで、代替表現はもしかしたらすでにチラリと姿を見せており、今か今かと出番を待っているのかもしれません。「させていただく」と日本語の敬語のこれからをもうしばらく観察しようと思っています。


　この本を執筆するにあたっては、本当にたくさんの方々にお世話になりました。

なんといってもまず意識調査に協力してくださった七〇〇人の方々には、何度お礼を言っても言い足りないほどです。ご協力、本当にありがとうございました。

　面白い写真や記事を提供してくださった方々にも深く感謝申し上げます。第一章の注にお名前をあげたので繰り返しませんが、おかげでとても楽しい章に仕上がりました。

この本のあちこちに出没する何代にもわたる椎名《しいな》ゼミのみなさんには、心からお礼を言いたいと思います。ゼミ生たちの言語感覚はとても新鮮で、彼らと過ごす時間は私にとってなにものにも代え難い宝物です。いつも本当にありがとう！

学術的な事柄については、放送大学教授の滝浦真人《たきうらまさと》さんにご相談しました。第一稿のすべてのページを読んでいただき、たくさんのご指摘とアドバイスをいただきました。心から感謝しています。

直し切れなかった誤りは、すべて筆者の責任です。

この本の編集を担当してくださったのは、ＫＡＤＯＫＡＷＡの廣瀬《ひろせ》暁春《あきはる》さんです。「新書を書きたい」と夢を語った時から本が完成するまで、本当にお世話になりました。

私事で恐縮ですが、学術書を出版した直後、「新書を書こう」と心に決めたのですが、どう始めたらよいのかわかりませんでした。息子に相談したところ「言語学好きな後輩がＫＡＤＯＫＡＷＡにいるから、相談してみたら？」と紹介されたのが、廣瀬さんでした。あれこれと構想や企画をご相談していくうちに、編集を担当していただけることになりました。その時の嬉《うれ》しさと興奮が、この本を書くエネルギーになりました。その後、廣瀬さんのご家族が法政大学の関係者だと判明し、親子二代にわたってお世話になることにビックリすると同時にこそばゆい思いがしたことを、今でも覚えています。廣瀬さんには、新書の作法を一から丁寧に教えていただきました。廣瀬さんの鋭くもソフトなダメ出しと的確なアドバイス、そして時折余白に書き込まれた「ナイス！」の文字を宝探しのようにかき集めながら、なんとか最後まで辿《たど》り着きました。本当にありがとうございました。

最後に、執筆中、文字通り朝から晩まで書斎にこもる私をサポートしてくれた家族のみんなに、心から感謝します。

二〇二一年十二月二日

椎名　美智

おわりに　注

1　原泰久『キングダム』第五巻、五五頁、集英社。

本書は書き下ろしです。
本文図版　本島一宏

椎名美智（しいな・みち）
法政大学文学部英文学科教授。宮崎県生まれ、お茶の水女子大学卒業、エジンバラ大学大学院修士課程修了、お茶の水女子大学大学院博士課程満期退学、ランカスター大学大学院博士課程修了（Ph.D.）、放送大学大学院博士課程修了（博士（学術））。専門は言語学、特に歴史語用論、コミュニケーション論、文体論。著書に『「させていただく」の語用論』（ひつじ書房）、『歴史語用論の世界』（共編著、ひつじ書房）、『歴史語用論入門』（共編著、大修館書店）など。

「させていただく」の使《つか》い方《かた》

日本語《にほんご》と敬語《けいご》のゆくえ

椎名《しいな》美智《みち》

2022年 1 月 10 日　初版発行
2022年 3 月 20 日　3 版発行

◇◇◇

発行者　青柳昌行
発　行　株式会社KADOKAWA
〒102-8177　東京都千代田区富士見 2-13-3
電話　0570-002-301（ナビダイヤル）
装 丁 者　緒方修一（ラーフイン・ワークショップ）
ロゴデザイン　good design company
オビデザイン　Zapp!　白金正之
印 刷 所　株式会社暁印刷
製 本 所　本間製本株式会社

角川新書

ISBN978-4-04-082414-7 C0281